DR. OETKER

EINMACHEN

Konfitüren, Gelees, Eingelegtes

DR. OETKER

EINMACHEN

Konfitüren, Gelees, Eingelegtes

Vorwort

Frische leckere Früchte sind meist nur kurz lagerfähig und ihr Genuss ist oft saisonabhängig. So kamen schon die alten Römer auf die Idee, ihre Früchte zu Mus zu kochen, um die beliebten „Frucht-Schätze“ haltbar zu machen und länger genießen zu können.

In diesem Buch finden Sie neben Klassikern auch viele neue und raffinierte Rezepte, die Ihnen helfen, Obst und Gemüse auf köstliche Art und Weise zu konservieren. Und auch Rezepte für Diabetiker und Kalorienbewusste dürfen natürlich nicht fehlen.

Die leckeren Konfitüren, Gelees, Chutneys, Relishes und eingelegten Genüsse aus der eigenen Küche schmecken nicht nur für den Eigenbedarf, sondern erfreuen sich auch als Mitbringsel einer großen Beliebtheit.

Die über 100 abwechslungsreichen und raffinierten Rezepte sind ausführlich und verständlich beschrieben, so dass sie garantiert auch Ungeübten gelingen.

Abkürzungen

EL = Esslöffel
TL = Teelöffel
Msp. = Messerspitze
Pck. = Packung/Päckchen
g = Gramm
kg = Kilogramm
ml = Milliliter
l = Liter
evtl. = eventuell
geh. = gehäuft
gestr. = gestrichen
TK = Tiefkühlprodukt
°C = Grad Celsius
Ø = Durchmesser
E = Eiweiß
F = Fett
Kh = Kohlenhydrate
kcal = Kilokalorien
kJ = Kilojoule

Hinweise zu den Rezepten

Lesen Sie bitte vor der Zubereitung das Rezept einmal vollständig durch. Oft werden Arbeitsabläufe oder -zusammenhänge dann klarer. Achten Sie auf größte Sauberkeit, denn schon kleinste Verunreinigungen können zum vorzeitigen Verderb des Einmachgutes führen. Die angegebenen Gläsergrößen dienen als Orientierungshilfe. Sie können natürlich auch Gläser anderer Größe verwenden.

Zubereitungszeiten

Die Zubereitungszeit ist ein Anhaltswert für die Zeit für Vorbereitung und die eigentliche Zubereitung. Längere Wartezeiten, wie z. B. Kühl- und Marinierzeiten, sind nicht einbezogen.

Kapitelübersicht

Kapitelübersicht

Konfitüren

Himbeer-Kirsch-Konfitüre

(etwa 7 Gläser zu je 200 ml)

Zutaten

etwa 1 kg Himbeeren
600 g Süßkirschen (vorbereitet gewogen)
150 ml Cassis Likör
1 Pck. (5 g) Zitronensäure
1 Pck. (500 g) Super Gelier Zucker

Zubereitungszeit:
60 Minuten

Pro 100 g:
E: 0,9 g, F: 0,2 g, Kh: 30,7 g,
kJ: 603, kcal: 143

MIT ALKOHOL

1 Himbeeren verlesen, pürieren, durch ein feines Sieb streichen und 750 g abwiegen. Kirschen waschen, abtropfen lassen, entstielen, entsteinen, halbieren und abwiegen (600 g).

2 Die Früchte, Cassis Likör und Zitronensäure in einem Kochtopf mit Super Gelier Zucker gut verrühren. Das Kochgut unter Rühren bei starker Hitze zum Kochen bringen, mindestens 3 Minuten unter ständigem Rühren sprudelnd kochen lassen und von der Kochstelle nehmen.

3 Das Kochgut evtl. abschäumen, sofort randvoll in vorbereitete Gläser füllen, mit Twist-off-Deckeln® verschließen, umdrehen und etwa 5 Minuten auf dem Deckel stehen lassen.

Brombeer-Walnuss-Konfitüre

(etwa 7 Gläser zu je 200 ml)

Zutaten

800 g Brombeeren (vorbereitet gewogen)
100 g Walnusskerne
50 g Marzipan-Rohmasse
1 Pck. (5 g) Zitronensäure
1 Beutel (20 g) Gelfix Classic
1150 g Zucker
50 ml Cassis Likör oder roter Traubensaft

Zubereitungszeit:
35 Minuten

Pro 100 g:
E: 1,5 g, F: 4,3 g, Kh: 59 g,
kJ: 1216, kcal: 290

RAFFINIERT

1 Brombeeren verlesen und abwiegen (800 g). Walnusskerne hacken. Marzipan-Rohmasse in kleine Würfel schneiden.

2 Brombeeren, Walnusskerne, Marzipan und Zitronensäure in einen Kochtopf geben. Den Beutelinhalt von Gelfix Classic erst mit 2 Esslöffeln der abgewogenen Zuckermenge mischen, dann mit den Früchten verrühren.

3 Das Kochgut unter Rühren bei starker Hitze zum Kochen bringen. Sobald alles bei ständigem Rühren durch und durch sprudelnd kocht, restlichen Zucker zufügen. Alles unter Rühren wieder zum Kochen bringen, mindestens 3 Minuten unter ständigem Rühren kochen lassen und von der Kochstelle nehmen. Jetzt Cassis Likör oder Traubensaft unterrühren.

4 Das Kochgut evtl. abschäumen, sofort randvoll in vorbereitete Gläser füllen, mit Twist-off-Deckeln® verschließen, umdrehen und etwa 5 Minuten auf dem Deckel stehen lassen.

Tipp: *Die Haltbarkeit der Konfitüre wird durch die Zugabe der Walnusskerne und der Marzipan-Rohmasse verkürzt.*

Apfel-Birnen-Konfitüre mit Wodka

(Foto – etwa 7 Gläser zu je 200 ml)

Zutaten

700 g Äpfel
(vorbereitet gewogen)
650 g Birnen
(vorbereitet gewogen)
150 ml Wodka
1 Pck. (5 g) Zitronensäure
1 Pck. (500 g) Super Gelier Zucker

Zubereitungszeit:
60 Minuten

Pro 100 g:
E: 0,3 g, F: 0.2 g, Kh: 34 g,
kJ: 671, kcal: 159

MIT ALKOHOL

1 Äpfel und Birnen waschen, schälen, vierteln, entkernen, fein schneiden und abwiegen (700 g Äpfel, 650 g Birnen).

2 Früchte, Wodka und Zitronensäure in einem Kochtopf mit Super Gelier Zucker verrühren. Das Kochgut unter Rühren bei starker Hitze zum Kochen bringen, mindestens 3 Minuten unter ständigem Rühren sprudelnd kochen lassen und von der Kochstelle nehmen.

3 Das Kochgut evtl. abschäumen, sofort randvoll in vorbereitete Gläser füllen, mit Twist-off-Deckeln® verschließen, umdrehen und etwa 5 Minuten auf dem Deckel stehen lassen.

Tipp: *Der Wodka kann durch 150 g vorbereitete Birnen ersetzt werden.*

Birnen-Stachelbeer-Konfitüre

(etwa 5 Gläser zu je 200 ml)

Zutaten

800 g Birnen
(vorbereitet gewogen)
200 g Stachelbeeren
(vorbereitet gewogen)
500 g Zucker
1 Beutel (25 g) Gelfix Extra

Zubereitungszeit:
60 Minuten

Pro 100 g:
E: 0,4 g, F: 0,2 g, Kh: 43,4 g,
kJ: 751, kcal: 179

KLASSISCH

1 Birnen waschen, schälen, vierteln, entkernen, fein schneiden und abwiegen (800 g). Stachelbeeren waschen, abtropfen lassen, Stiel und Blütenansatz entfernen, Stachelbeeren halbieren und abwiegen (200 g).

2 Früchte in einen Kochtopf geben. Abgewogene Zuckermenge mit Gelfix Extra mischen, dann mit der Fruchtmasse verrühren. Alles unter Rühren bei starker Hitze zum Kochen bringen, mindestens 3 Minuten unter ständigem Rühren sprudelnd kochen lassen und von der Kochstelle nehmen.

3 Das Kochgut evtl. abschäumen, sofort randvoll in vorbereitete Gläser füllen, mit Twist-off-Deckeln® verschließen, umdrehen und etwa 5 Minuten auf dem Deckel stehen lassen.

Erdbeer-Rhabarber-Himbeer-Konfitüre

(etwa 7 Gläser zu je 200 ml)

Zutaten

600 g Erdbeeren (vorbereitet gewogen)
300 g Rhabarber (vorbereitet gewogen)
100 g Himbeeren (vorbereitet gewogen)
1 Beutel (20 g) Gelfix Classic
1150 g Zucker

Zubereitungszeit:
60 Minuten

Pro 100 g:
E: 0,4 g, F: 0,1 g, Kh: 58 g, kJ: 1011, kcal: 241

FÜR KINDER

1 Erdbeeren waschen, abtropfen lassen, entstielen, fein schneiden und abwiegen (600 g). Rhabarber waschen, abtropfen lassen, in sehr kleine Stücke schneiden (nicht abziehen) und abwiegen (300 g). Himbeeren verlesen und abwiegen (100 g).

2 Früchte und Rhabarber in einen Kochtopf geben. Beutelinhalt von Gelfix Classic erst mit 2 Esslöffeln der abgewogenen Zuckermenge mischen, dann mit der Fruchtmasse verrühren. Das Kochgut unter Rühren bei starker Hitze zum Kochen bringen. Sobald alles bei ständigem Rühren durch und durch sprudelnd kocht, den restlichen Zucker zufügen.

3 Alles unter Rühren wieder zum Kochen bringen, mindestens 3 Minuten unter ständigem Rühren kochen lassen und von der Kochstelle nehmen.

4 Das Kochgut evtl. abschäumen, sofort randvoll in vorbereitete Gläser füllen, mit Twist-off-Deckeln® verschließen, umdrehen und etwa 5 Minuten auf dem Deckel stehen lassen.

Johannisbeer-Süßkirsch-Gelee

(8–9 Gläser zu je 200 ml)

Zutaten

800 ml Johannisbeersaft (ungesüßt)
450 ml Süßkirschsaft (ungesüßt)
1 Pck. (5 g) Zitronensäure
1 Beutel (20 g) Gelfix Classic
1250 g Zucker

Zubereitungszeit:
25 Minuten, ohne Saftgewinnung

Pro 100 g:
E: 0,5 g, F: 0,1 g, Kh: 62,3 g, kJ: 1089, kcal: 260

KLASSISCH

1 Johannisbeeren waschen, abtropfen lassen, daraus Saft gewinnen und 800 ml abmessen. Kirschen waschen, entstielen, entsteinen, daraus Saft gewinnen und 450 ml abmessen.

2 Beide Säfte in einen Kochtopf geben. Beutelinhalt von Gelfix Classic erst mit 2 Esslöffeln der abgewogenen Zuckermenge mischen, dann mit dem Fruchtsaft verrühren. Das Kochgut unter Rühren bei starker Hitze zum Kochen bringen. Sobald alles bei ständigem Rühren durch und durch sprudelnd kocht, den restlichen Zucker zufügen.

3 Alles unter Rühren wieder zum Kochen bringen, mindestens 3 Minuten unter ständigem Rühren kochen lassen und von der Kochstelle nehmen.

4 Das Kochgut evtl. abschäumen, sofort randvoll in vorbereitete Gläser füllen, mit Twist-off-Deckeln® verschließen, umdrehen und etwa 5 Minuten auf dem Deckel stehen lassen.

Birnen-Karamell-Konfitüre

(etwa 5 Gläser zu je 200 ml)

Zutaten

100 g Zucker
50 ml kaltes Wasser
50 ml kochendes Wasser
800 g Birnen
(vorbereitet gewogen)
Saft von 1 Zitrone
1 Pck. (5 g) Zitronensäure
1 Pck. Bourbon-Vanille-Zucker
400 g Zucker
1 Beutel (25 g) Gelfix Extra
50 ml Birnengeist

Zubereitungszeit:
60 Minuten

Pro 100 g:
E: 0,3 g, F: 0,2 g, Kh: 43,1 g,
kJ:782 , kcal: 186

MIT ALKOHOL

1 Den Zucker mit dem kalten Wasser in einen kleinen Topf geben, aufkochen lassen und bei starker Hitze kochen, bis der Karamell gebräunt ist. Den Topf von der Kochstelle nehmen, das kochende Wasser zugeben und umrühren. Bei Zimmertemperatur bis zur weiteren Verarbeitung stehen lassen. Birnen waschen, schälen, halbieren, entkernen, fein schneiden und abwiegen (800 g).

2 Birnen, Zitronensaft, Zitronensäure, Bourbon-Vanille-Zucker und Karamell in einen Kochtopf geben. Abgewogenen Zucker mit Gelfix Extra mischen, dann mit der Frucht-Karamell-Masse verrühren. Alles unter Rühren bei starker Hitze zum Kochen bringen, mindestens 3 Minuten unter ständigem Rühren sprudelnd kochen lassen und von der Kochstelle nehmen. Jetzt Birnengeist unterrühren.

3 Das Kochgut evtl. abschäumen, sofort randvoll in vorbereitete und gespülte Gläser füllen, mit Twist-off-Deckeln® verschließen, umdrehen und etwa 5 Minuten auf dem Deckel stehen lassen.

Tipp: *Der Birnengeist kann nach Belieben auch durch Birnensaft oder -nektar ersetzt werden.*

Passionsfrucht-Pflaumen-Konfitüre

(etwa 5 Gläser zu je 200 ml)

Zutaten

350 g grünes Passionsfrucht-Fruchtfleisch (vorbereitet gewogen)
650 g Pflaumen
(vorbereitet gewogen)
350 g* Zucker, Fruchtzucker oder Sorbit
1 Beutel (25 g) Gelfix Super

Zubereitungszeit:
60 Minuten

Pro 100 g (bei Zubereitung mit Fruchtzucker):
E: 0,9 g, F: 0,2 g, Kh: 36,6 g,
kJ: 666, kcal: 159
BE: 3,1 (1 BE = 33 g)

FÜR DIABETIKER GEEIGNET

1 Passionsfrüchte halbieren. Die geleeartige Fruchtmasse mit den Samenkernchen herauslösen und abwiegen (350 g). Pflaumen waschen, entstielen, halbieren, entsteinen, fein schneiden und abwiegen (650 g).

2 Die Früchte in einen Kochtopf geben. Abgewogenes Süßungsmittel mit Gelfix Super mischen, dann mit der Fruchtmasse verrühren. Alles unter Rühren bei starker Hitze zum Kochen bringen, mindestens 3 Minuten unter ständigem Rühren sprudelnd kochen lassen und von der Kochstelle nehmen.

3 Das Kochgut evtl. abschäumen und sofort randvoll in vorbereitete Gläser füllen, mit Twist-off-Deckeln® verschließen, umdrehen und etwa 5 Minuten auf dem Deckel stehen lassen.

* *Diabetiker sollen Zuckeraustauschstoffe verwenden.*

Cranberry-Apfel-Konfitüre

(etwa 7 Gläser zu je 200 ml)

Zutaten

600 g Cranberries (vorbereitet gewogen)
400 g Äpfel (vorbereitet gewogen)
1 Pck. (5 g) Zitronensäure
1 Beutel (20 g) Gelfix Classic
1150 g Zucker

Zubereitungszeit:
60 Minuten

Pro 100 g:
E: 0,1 g, F: 0,2 g, Kh: 60,1 g,
kJ: 1048, kcal: 250

ZUM VERSCHENKEN

1 Cranberries verlesen, waschen, abtropfen lassen, halbieren, abwiegen (600 g). Äpfel waschen, schälen, vierteln, entkernen, fein schneiden und abwiegen (400 g).

2 Früchte und Zitronensäure in einen Kochtopf geben. Den Beutelinhalt von Gelfix Classic erst mit 2 Esslöffeln der abgewogenen Zuckermenge mischen, dann mit der Fruchtmasse verrühren.

3 Das Kochgut unter Rühren bei starker Hitze zum Kochen bringen. Sobald alles bei ständigem Rühren durch und durch sprudelnd kocht, restlichen Zucker zufügen. Alles unter Rühren wieder zum Kochen bringen, mindestens 3 Minuten unter ständigem Rühren kochen lassen und von der Kochstelle nehmen.

4 Das Kochgut evtl. abschäumen, sofort randvoll in vorbereitete Gläser füllen, mit Twist-off-Deckeln® verschließen, umdrehen und etwa 5 Minuten auf dem Deckel stehen lassen.

Tipp: *Cranberries sind eng verwandt mit den bei uns heimischen, wildwachsenden Preiselbeeren, sind aber größer als Preiselbeeren. Cranberries haben einen hohen Vitamin-C-Gehalt und sind bei uns hauptsächlich vom Herbst bis Weihnachten erhältlich.*

Apfel-Kaffee-Konfitüre

(etwa 7 Gläser zu je 200 ml)

Zutaten

600 g Äpfel (vorbereitet gewogen)
250 ml (¼ l) Apfelsaft (ungesüßt)
2 EL Instant-Kaffee
150 ml Eierlikör
etwas gemahlener Zimt
etwas gemahlene Nelken
1 Beutel (20 g) Gelfix Classic
1150 g Zucker

Zubereitungszeit:
60 Minuten

Pro 100 g:
E: 0,5 g, F: 0,7 g, Kh: 62,6 g,
kJ: 1134, kcal: 271

RAFFINIERT

1 Äpfel waschen, schälen, vierteln, fein schneiden, abwiegen (600 g).

2 Äpfel, Apfelsaft, Instant-Kaffee, Eierlikör und Gewürze in einen Kochtopf geben. Beutelinhalt von Gelfix Classic erst mit 2 Esslöffeln der abgewogenen Zuckermenge mischen, dann mit den Früchten verrühren.

3 Das Kochgut unter Rühren bei starker Hitze zum Kochen bringen. Sobald alles bei ständigem Rühren durch und durch sprudelnd kocht, den restlichen Zucker zufügen. Alles unter Rühren wieder zum Kochen bringen, mindestens 3 Minuten unter ständigem Rühren kochen lassen und von der Kochstelle nehmen.

4 Das Kochgut evtl. abschäumen, sofort randvoll in vorbereitete Gläser füllen, mit Twist-off-Deckeln® verschließen, umdrehen und etwa 5 Minuten auf dem Deckel stehen lassen.

Maronen-Beeren-Konfitüre

(etwa 5 Gläser zu je 200 ml)

1 Maronen mit einem spitzen Messer oben kreuzweise einschneiden. In reichlich kochendes Wasser geben und etwa 10 Minuten kochen lassen, bis sich die Einschnittstellen öffnen. Die Maronen abgießen und sofort zügig schälen, die braune Haut nur teilweise abziehen. TK-Beeren auftauen lassen.

2 Maronen mit Zitronensaft und Wasser in einen Kochtopf geben und 10 Minuten mit geschlossenem Deckel bei milder Hitze kochen lassen. Maronen von der Kochstelle nehmen, Mandellikör zugeben, Maronen pürieren und durch ein feines Sieb streichen. 800 g Maronenmasse abwiegen.

3 In der Zwischenzeit die aufgetauten Beeren mit dem entstandenen Saft pürieren, ebenfalls durch ein feines Sieb streichen und 200 g Beerenpüree abwiegen.

4 Beerenpüree mit Maronenmasse und Bourbon-Vanille-Zucker in einen Kochtopf geben und mit Extra Gelier Zucker gut verrühren. Das Kochgut unter Rühren bei starker Hitze zum Kochen bringen, mindestens 3 Minuten unter ständigem Rühren sprudelnd kochen lassen und von der Kochstelle nehmen.

5 Das Kochgut evtl. abschäumen, sofort randvoll in vorbereitete Gläser füllen, mit Twist-off-Deckeln® verschließen, umdrehen und etwa 5 Minuten auf dem Deckel stehen lassen.

Abwandlung: *Für eine* ***Maronen-Orangen-Konfitüre***
1 kg Maronen wie in Punkt 1 angegeben vorbereiten. Die Maronen mit dem Saft von 1 Zitrone und 800 ml frisch gepresstem, ungesüßtem Orangensaft in einen Kochtopf geben und 10 Minuten mit geschlossenem Deckel bei milder Hitze kochen lassen. Maronen von der Kochstelle nehmen, 100 ml Mandellikör zugeben, Maronen pürieren und durch ein feines Sieb streichen. 800 g Maronenmasse abwiegen. In der Zwischenzeit einige Orangen mit einem Messer schälen, dabei die weiße Haut mit entfernen, Fruchtfilets herausschneiden und abwiegen (200 g). Maronenmasse, Orangenfilets und 1 Päckchen Bourbon-Vanille-Zucker in einen Kochtopf geben und mit Extra Gelier Zucker gut verrühren. Das Kochgut unter Rühren bei starker Hitze zum Kochen bringen, mindestens 3 Minuten unter ständigem Rühren sprudelnd kochen lassen und von der Kochstelle nehmen. Wie in Punkt 5 angegeben weiter verfahren.

Zutaten

1 kg Maronen (in der Schale)
300 g TK-Beerenmischung
Saft von 1 Zitrone
800 ml Wasser
100 ml Mandellikör
1 Pck. Bourbon-Vanille-Zucker
1 Pck. (500 g) Extra Gelier Zucker

Zubereitungszeit:
90 Minuten

Pro 100 g:
E: 1,6 g, F: 1,2 g, Kh: 58,7 g, kJ: 1125, kcal: 267

DAUERT LÄNGER

Spritzige Beerenkonfitüre

(Foto – etwa 7 Gläser zu je 200 ml)

Zutaten

750 g Beerenfrüchte, z. B. Brombeeren (vorbereitet gewogen)
250 ml (¼ l) Rotwein
1 Beutel (20 g) Gelfix Classic
1150 g brauner Zucker

Zubereitungszeit:
45 Minuten

Pro 100 g:
E: 0,3 g, F: 0,1 g, Kh: 61,9 g,
kJ: 1099, kcal: 262

MIT ALKOHOL

1 Beerenfrüchte verlesen, ggf. waschen, abtropfen lassen und abwiegen (750 g).

2 Beeren und Rotwein in einen Kochtopf geben. Beutelinhalt von Gelfix Classic erst mit 2 Esslöffeln der abgewogenen Zuckermenge mischen, dann mit der Fruchtmasse verrühren. Das Kochgut unter Rühren bei starker Hitze zum Kochen bringen. Sobald alles bei ständigem Rühren durch und durch sprudelnd kocht, den restlichen Zucker zufügen.

3 Alles unter Rühren wieder zum Kochen bringen, mindestens 3 Minuten unter ständigem Rühren sprudelnd kochen lassen und von der Kochstelle nehmen.

4 Das Kochgut evtl. abschäumen, sofort randvoll in vorbereitete Gläser füllen, mit Twist-off-Deckeln® verschließen, umdrehen und etwa 5 Minuten auf dem Deckel stehen lassen.

Tipp: *Sie können auch TK-Beerenfrüchte verwenden. Wiegen Sie die TK-Früchte gefroren, tauen Sie diese dann erst auf und verwenden Sie den entstehenden Saft bei der Zubereitung mit.*

Pfirsich-Himbeer-Konfitüre

(etwa 5 Gläser zu je 200 ml)

Zutaten

700 g Pfirsiche (vorbereitet gewogen)
300 g Himbeeren (vorbereitet gewogen)
350 g* Zucker, Fruchtzucker oder Sorbit
1 Beutel (25 g) Gelfix Super

Zubereitungszeit:
60 Minuten

Pro 100 g (bei Zubereitung mit Fruchtzucker):
E: 0,7 g, F: 0,1 g, Kh: 33,9 g,
kJ: 602, kcal: 144
BE: 2,8 (1 BE = 35 g)

FÜR DIABETIKER GEEIGNET

1 Pfirsiche waschen, abtropfen lassen, halbieren, entsteinen, fein schneiden und abwiegen (700 g). Himbeeren verlesen und abwiegen (300 g).

2 Früchte in einen Kochtopf geben. Abgewogenes Süßungsmittel mit Gelfix Super mischen, dann mit der Fruchtmasse verrühren. Alles unter Rühren bei starker Hitze zum Kochen bringen, mindestens 3 Minuten unter ständigem Rühren sprudelnd kochen lassen und von der Kochstelle nehmen.

3 Das Kochgut evtl. abschäumen, sofort randvoll in vorbereitete Gläser füllen, mit Twist-off-Deckeln® verschließen, umdrehen und etwa 5 Minuten auf dem Deckel stehen lassen.

** Diabetiker sollen Zuckerausstauschstoffe verwenden.*

Kirsch-Schoko-Konfitüre

(etwa 6 Gläser zu je 200 ml)

Zutaten

1 kg Sauerkirschen (vorbereitet gewogen)
400 ml Schokoladensirup, z. B. von Nesquik
100 ml Kirschwasser
1 Pck. (500 g) Super Gelier Zucker

Zubereitungszeit:
60 Minuten

Pro 100 g:
E: 0,5 g, F: 0,2 g, Kh: 44 g,
kJ: 857, kcal: 203

RAFFINIERT

1 Sauerkirschen waschen, entstielen, entsteinen, halbieren und abwiegen (1000 g).

2 Kirschen, Schokoladensirup und Kirschwasser in einem Kochtopf mit Super Gelier Zucker gut verrühren. Das Kochgut unter Rühren bei starker Hitze zum Kochen bringen, mindestens 3 Minuten unter ständigem Rühren sprudelnd kochen lassen und von der Kochstelle nehmen.

3 Das Kochgut evtl. abschäumen, sofort randvoll in vorbereitete Gläser füllen, mit Twist-off-Deckeln® verschließen, umdrehen und etwa 5 Minuten auf dem Deckel stehen lassen.

Schoko-Birnen-Gelee

(etwa 5 Gläser zu je 200 ml)

Zutaten

400 ml Schokoladensirup, z. B. von Nesquik
400 ml Birnennektar
100 ml Schokoladenlikör
1 Pck. Bourbon-Vanille-Zucker
350 g Zucker
1 Beutel (25 g) Gelfix Super

Zubereitungszeit:
25 Minuten

Pro 100 g:
E: 0,4 g, F: 0,6 g, Kh: 58 g,
kJ: 1086, kcal: 258

MIT ALKOHOL

1 Schokoladensirup, Birnennektar, Schokoladenlikör und Bourbon-Vanille-Zucker in einen Kochtopf geben. Abgewogenen Zucker mit Gelfix Super mischen, dann mit der Masse verrühren. Alles unter Rühren bei starker Hitze zum Kochen bringen, mindestens 3 Minuten unter ständigem Rühren sprudelnd kochen lassen und von der Kochstelle nehmen.

2 Das Kochgut evtl. abschäumen, sofort randvoll in vorbereitete Gläser füllen, mit Twist-off-Deckeln® verschließen, umdrehen und etwa 5 Minuten auf dem Deckel stehen lassen.

Tipp: *Wenn Kinder mitessen, kann der Schokoladenlikör auch durch Birnensaft oder Birnennektar ersetzt werden.*

Himbeerkonfitüre

(Foto – etwa 5 Gläser zu je 200 ml)

Zutaten

1 kg Himbeeren (vorbereitet gewogen)
1 Pck. (5 g) Zitronensäure
350 g* Zucker, Fruchtzucker oder Sorbit
1 Beutel (25 g) Gelfix Super

Zubereitungszeit:
45 Minuten

Pro 100 g (bei Zubereitung mit Fruchtzucker):
E: 1,0 g, F: 0,3 g, Kh: 31,7 g,
kJ: 587, kcal: 140
BE: 2,6 (1 BE = 38 g)

FÜR DIABETIKER GEEIGNET

1 Himbeeren verlesen und abwiegen (1 kg). Himbeeren und Zitronensäure in einen Kochtopf geben. Abgewogenes Süßungsmittel mit Gelfix Super mischen, dann mit der Fruchtmasse verrühren.

2 Alles unter Rühren bei starker Hitze zum Kochen bringen, mindestens 3 Minuten unter ständigem Rühren sprudelnd kochen lassen und von der Kochstelle nehmen.

3 Das Kochgut evtl. abschäumen, sofort randvoll in vorbereitete Gläser füllen, mit Twist-off-Deckeln® verschließen, umdrehen und etwa 5 Minuten auf dem Deckel stehen lassen.

* *Diabetiker sollen Zuckeraustauschstoffe verwenden.*

Erdbeer-Zitronen-Konfitüre

(etwa 5 Gläser zu je 200 ml)

Zutaten

Fruchtfilets von 5 Zitronen
etwa 750 g Erdbeeren (zusammen vorbereitet gewogen 1 kg)
1 Pck. (500 g) Extra Gelier Zucker
evtl. 4 EL weißer Rum

Zubereitungszeit:
60 Minuten

Pro 100 g:
E: 0,5 g, F: 0,3 g, Kh: 37,5g,
kJ: 709, kcal: 167

FRUCHTIG

1 Zitronen schälen, dabei die weiße Haut mit entfernen und Fruchtfilets herausschneiden. Erdbeeren waschen, abtropfen lassen, entstielen, fein schneiden und mit Zitronenfilets abwiegen (zusammen 1 kg).

2 Früchte in einem Kochtopf mit Extra Gelier Zucker gut verrühren. Das Kochgut unter Rühren bei starker Hitze zum Kochen bringen, mindestens 3 Minuten unter ständigem Rühren sprudelnd kochen lassen und von der Kochstelle nehmen. Jetzt nach Belieben Rum unterrühren.

3 Das Kochgut evtl. abschäumen, sofort randvoll in vorbereitete Gläser füllen, mit Twist-off-Deckeln® verschließen, umdrehen und etwa 5 Minuten auf dem Deckel stehen lassen.

Ananas-Nektarinen-Konfitüre

(etwa 5 Gläser zu je 200 ml)

Zutaten

700 g Ananasfruchtfleisch (vorbereitet gewogen)
300 g Nektarinen (vorbereitet gewogen)
1 Pck. (5 g) Zitronensäure
1 Pck. (500 g) Extra Gelier Zucker

Zubereitungszeit:
60 Minuten

Pro 100 g:
E: 0,4 g, F: 0,1 g, Kh: 43,2 g,
kJ: 759, kcal: 179

ZUM VERSCHENKEN

1 Von der Ananas den Strunk abschneiden, die Frucht vierteln und die holzige Mitte längs herausschneiden. Ananas schälen, das Fruchtfleisch fein schneiden und abwiegen (700 g). Nektarinen waschen, abtropfen lassen, halbieren, entsteinen, fein würfeln und abwiegen (300 g).

2 Früchte und Zitronensäure in einem Kochtopf mit Extra Gelier Zucker gut verrühren. Das Kochgut unter Rühren bei starker Hitze zum Kochen bringen, mindestens 3 Minuten unter ständigem Rühren sprudelnd kochen lassen und von der Kochstelle nehmen.

3 Das Kochgut evtl. abschäumen, sofort randvoll in vorbereitete Gläser füllen, mit Twist-off-Deckeln® verschließen, umdrehen und etwa 5 Minuten auf dem Deckel stehen lassen.

Pfirsich-Sekt-Gelee

(etwa 4 Gläser zu je 200 ml)

Zutaten

550 ml Pfirsichsaft (ungesüßt)
200 ml trockener Sekt
400 g Zucker
1 Beutel (25 g) Gelfix Extra

Zubereitungszeit:
25 Minuten, ohne Saftzubereitung

Pro 100 g:
E: 0,4 g, F: 0,1 g, Kh: 42,3 g,
kJ: 781, kcal: 186

MIT ALKOHOL

1 Pfirsiche waschen, abtropfen lassen, halbieren, entsteinen, daraus Saft gewinnen und 550 ml abmessen.

2 Saft und Sekt in einen Kochtopf geben. Abgewogene Zuckermenge mit Gelfix Extra mischen, dann mit dem Fruchtsaft verrühren. Alles unter Rühren bei starker Hitze zum Kochen bringen, mindestens 3 Minuten unter ständigem Rühren sprudelnd kochen lassen und von der Kochstelle nehmen.

3 Das Kochgut evtl. abschäumen, sofort randvoll in vorbereitete Gläser füllen, mit Twist-off-Deckeln® verschließen, umdrehen und etwa 5 Minuten auf dem Deckel stehen lassen.

Pina-Colada-Creme

(etwa 5 Gläser zu je 200 ml)

Zutaten

- 200 g frisches Kokosnuss-Fruchtfleisch (vorbereitet gewogen)
- 400 g Ananasfruchtfleisch (vorbereitet gewogen)
- 100 g Kokosnusscreme (aus der Dose)
- 50 ml weißer Rum
- 50 ml Batida de Coco
- 200 ml Ananassaft
- 500 g Zucker
- 1 Beutel (25 g) Gelfix Extra

Zubereitungszeit:
70 Minuten

Pro 100 g:
E: 1,2 g, F: 10 g, Kh: 42,9 g,
kJ: 1181, kcal: 283

RAFFINIERT

1 Die Kokosnuss mit einem Hammer öffnen. Das Fruchtfleisch von der hölzernen Schale trennen und die braune Haut abschälen. Das Fruchtfleisch fein reiben und 200 g abwiegen.

2 Von der Ananas den Strunk abschneiden, die Frucht vierteln und die holzige Mitte längs herausschneiden. Die Ananas schälen, fein schneiden und abwiegen (400 g).

3 Kokosnuss- und Ananasfruchtfleisch, Kokosnusscreme, Rum, Batida de Coco und Ananassaft in einen Kochtopf geben. Abgewogene Zuckermenge mit Gelfix Extra mischen, dann mit der Fruchtmasse verrühren. Alles unter Rühren bei starker Hitze zum Kochen bringen, mindestens 3 Minuten unter ständigem Rühren sprudelnd kochen und von der Kochstelle nehmen.

4 Das Kochgut evtl. abschäumen, sofort randvoll in vorbereitete Gläser füllen, mit Twist-off-Deckeln® verschließen, umdrehen und etwa 5 Minuten auf dem Deckel stehen lassen.

Tipp: *Um 200 g Kokosnuss-Fruchtfleisch und 400 g Ananasfruchtfleisch zu erhalten, benötigt man je 1 Frucht. Nach Belieben nur Rum oder nur Batida de Coco verwenden, dann jeweils 100 ml verwenden.*

Kokos-Kirsch-Konfitüre

(etwa 5 Gläser zu je 200 ml)

Zutaten

- 100 g Kokosraspel (getrocknet)
- 400 ml Kokosmilch (aus der Dose)
- 400 g Süßkirschen (vorbereitet gewogen)
- 100 ml Kirschwasser
- 500 g Zucker
- 1 Beutel (25 g) Gelfix Extra

Zubereitungszeit:
60 Minuten

Pro 100 g:
E: 0,8 g, F: 4,6 g, Kh: 40,9 g,
kJ: 953, kcal: 227

MIT ALKOHOL

1 Kokosraspel mit Kokosmilch in einem geschlossenen Topf bei milder Hitze 10 Minuten kochen lassen. Süßkirschen waschen, abtropfen lassen, entstielen, entsteinen, halbieren und abwiegen (400 g).

2 Gekochte Kokosraspeln mit der Flüssigkeit, Kirschen und Kirschwasser in einen Kochtopf geben. Abgewogene Zuckermenge mit Gelfix Extra mischen, dann mit der Fruchtmasse verrühren. Alles unter Rühren bei starker Hitze zum Kochen bringen, mindestens 3 Minuten unter ständigem Rühren sprudelnd kochen lassen und von der Kochstelle nehmen.

3 Das Kochgut evtl. abschäumen, sofort randvoll in vorbereitete Gläser füllen, mit Twist-off-Deckeln® verschließen, umdrehen und etwa 5 Minuten auf dem Deckel stehen lassen.

Tipp: *Das Kirschwasser kann auch durch Kirschsaft oder Kirschnektar ersetzt werden. Anstelle von frischen können auch TK-Kirschen verwendet werden. Die Kirschen tiefgefroren wiegen, auftauen lassen, halbieren und den entstehenden Saft mit verwenden.*

Erdbeer-Aprikosen-Konfitüre

(Foto – etwa 5 Gläser zu je 200 ml)

Zutaten

500 g Erdbeeren (vorbereitet gewogen)
500 g Aprikosen (vorbereitet gewogen)
500 g Zucker
1 Beutel (25 g) Gelfix Extra

Zubereitungszeit:
60 Minuten

Pro 100 g:
E: 0,6 g, F: 0,2 g, Kh: 40,2 g, kJ: 712, kcal: 170

FÜR KINDER

1 Erdbeeren waschen, abtropfen lassen, entstielen, fein schneiden und abwiegen (500 g). Aprikosen waschen, abtropfen lassen, halbieren, entsteinen, fein schneiden und abwiegen (500 g).

2 Früchte in einen Kochtopf geben. Abgewogene Zuckermenge mit Gelfix Extra mischen, dann mit der Fruchtmasse verrühren. Alles unter Rühren bei starker Hitze zum Kochen bringen, mindestens 3 Minuten unter ständigem Rühren sprudelnd kochen lassen und von der Kochstelle nehmen.

3 Das Kochgut evtl. abschäumen, sofort randvoll in vorbereitete Gläser füllen, mit Twist-off-Deckeln® verschließen, umdrehen und etwa 5 Minuten auf dem Deckel stehen lassen.

Tipp: *Erdbeeren nicht unter fließendem Wasser waschen. Die zarten Beeren würden durch den Wasserstrahl beschädigt und verlieren somit Saft und Aroma.*

Erdbeer-Apfel-Konfitüre

(etwa 7 Gläser zu je 200 ml)

Zutaten

750 g Erdbeeren (vorbereitet gewogen)
250 g Äpfel (vorbereitet gewogen)
1 Beutel (20 g) Gelfix Classic
1150 g Zucker

Zubereitungszeit:
60 Minuten

Pro 100 g:
E: 0,3 g, F: 0,2 g, Kh: 59,4 g, kJ: 1033, kcal: 246

EINFACH

1 Erdbeeren waschen, abtropfen lassen, entstielen, fein schneiden und abwiegen (750 g). Äpfel waschen, schälen, vierteln, entkernen, fein schneiden und abwiegen (250 g).

2 Früchte in einen Kochtopf geben. Beutelinhalt von Gelfix Classic erst mit 2 Esslöffeln der abgewogenen Zuckermenge mischen, dann mit der Fruchtmasse verrühren. Das Kochgut unter Rühren bei starker Hitze zum Kochen bringen. Sobald alles bei ständigem Rühren durch und durch sprudelnd kocht, den restlichen Zucker zufügen.

3 Alles unter Rühren wieder zum Kochen bringen, mindestens 3 Minuten unter ständigem Rühren kochen lassen und von der Kochstelle nehmen.

4 Das Kochgut evtl. abschäumen, sofort randvoll in vorbereitete Gläser füllen, mit Twist-off-Deckeln® verschließen, umdrehen und etwa 5 Minuten auf dem Deckel stehen lassen.

Ananas-Zitronen-Konfitüre mit Whisky

(etwa 5 Gläser zu je 200 g)

Zutaten

600 g Ananasfruchtfleisch (vorbereitet gewogen)
300 ml Zitronensaft
100 ml Whisky
350 g* Zucker, Fruchtzucker oder Sorbit
1 Beutel (25 g) Gelfix Super

Zubereitungszeit:
60 Minuten

Pro 100 g (bei Zubereitung mit Fruchtzucker):
E: 0,4 g, F: 0,2 g, Kh: 38,6 g,
kJ: 768, kcal: 183
BE: 3,2 (1 BE = 31 g)

FÜR DIABETIKER GEEIGNET

1 Von der Ananas den Strunk abschneiden, die Frucht vierteln und die holzige Mitte längs herausschneiden. Ananas schälen, Fruchtfleisch fein schneiden und abwiegen (600 g). Zitronen auspressen und Saft abmessen (300 ml).

2 Früchte, Saft und Whiskey in einen Kochtopf geben. Abgewogene Zuckermenge mit Gelfix Super mischen, dann mit der Fruchtmasse verrühren. Alles unter Rühren bei starker Hitze zum Kochen bringen, mindestens 3 Minuten unter ständigem Rühren sprudelnd kochen lassen und von der Kochstelle nehmen.

3 Das Kochgut evtl. abschäumen, sofort randvoll in vorbereitete Gläser füllen, mit Twist-off-Deckeln® verschließen, umdrehen und etwa 5 Minuten auf dem Deckel stehen lassen.

** Diabetiker sollen Zuckeraustauschstoffe verwenden.*

Orangengelee mit Fruchtschale

(5–6 Gläser zu je 200 ml)

Zutaten

30 g Orangenschale (von 1–2 unbehandelten Orangen)
1250 ml Orangensaft (von etwa 16 Orangen, frisch gepresst)
1 Pck. (500 g) Super Gelier Zucker

Zubereitungszeit:
45 Minuten

Pro 100 g:
E: 0,7 g, F: 0,2 g, Kh: 35,7 g,
kJ: 640, kcal: 151

FRUCHTIG

1 Unbehandelte Orange heiß waschen, trockenreiben, sehr dünn schälen, Schale in feine Streifen schneiden und abwiegen (30 g). Orangen auspressen und 1250 ml Saft abmessen.

2 Orangensaft und Orangenschale in einem Kochtopf mit Super Gelier Zucker gut verrühren. Das Kochgut unter Rühren bei starker Hitze zum Kochen bringen, mindestens 3 Minuten unter ständigem Rühren sprudelnd kochen lassen und von der Kochstelle nehmen.

3 Das Kochgut evtl. abschäumen, sofort randvoll in vorbereitete Gläser füllen, mit Twist-off-Deckeln® verschließen, umdrehen und etwa 5 Minuten auf dem Deckel stehen lassen.

Tipp: *Gläser während des Erkaltens öfter drehen, damit sich die Orangenschale besser verteilt.*

Preiselbeer-Orangen-Konfitüre

(Foto – etwa 5 Gläser zu je 200 ml)

Zutaten

25 g Orangenschale (von 1–2 unbehandelten Orangen)
600 g frische Preiselbeeren (vorbereitet gewogen)
400 g Orangenfilets (von etwa 7 Orangen, vorbereitet gewogen)
1 Pck. (500 g) Extra Gelier Zucker

Zubereitungszeit:
60 Minuten

Pro 100 g:
E: 0,4 g, F: 0,3 g, Kh: 39,7 g, kJ: 707, kcal: 167

RAFFINIERT

1 Unbehandelte Orangen heiß waschen, trockenreiben, dünn schälen, die Schale in sehr feine Streifen schneiden (oder Früchte mit einem Fadenschneider oder Zestenreißer schälen) und abwiegen (25 g).

2 Preiselbeeren verlesen, waschen, abtropfen lassen und abwiegen (600 g). Orangen schälen, dabei die weiße Haut mit entfernen, Fruchtfilets herausschneiden und abwiegen (400 g).

3 Früchte und Orangenschale in einem Kochtopf mit Extra Gelier Zucker gut verrühren. Das Kochgut unter Rühren bei starker Hitze zum Kochen bringen, mindestens 3 Minuten unter ständigem Rühren sprudelnd kochen lassen und von der Kochstelle nehmen.

4 Das Kochgut evtl. abschäumen und sofort randvoll in vorbereitete Gläser füllen, mit Twist-off-Deckeln® verschließen, umdrehen und etwa 5 Minuten auf dem Deckel stehen lassen.

Tipp: *Anstelle der frischen Preiselbeeren können 2 Gläser Wildpreiselbeer-Dessert (Abtropfgewicht je 340 g) mit Saft verwendet werden. Die Menge an Orangenfilets reduziert sich in diesem Fall auf 300 g.*

Himbeer-Kiwi-Konfitüre

(etwa 5 Gläser zu je 200 ml)

Zutaten

500 g Himbeeren (vorbereitet gewogen)
500 g Kiwis (vorbereitet gewogen)
1 Pck. (5 g) Zitronensäure
1 Pck. (500 g) Extra Gelier Zucker

Zubereitungszeit:
60 Minuten

Pro 100 g:
E: 0,8 g, F: 0,3 g, Kh: 39,7 g, kJ: 727, kcal: 172

FÜR KINDER

1 Himbeeren verlesen und abwiegen (500 g). Kiwis schälen, fein schneiden und abwiegen (500 g).

2 Früchte und Zitronensäure in einem Kochtopf mit Extra Gelier Zucker gut verrühren. Das Kochgut unter Rühren bei starker Hitze zum Kochen bringen, mindestens 3 Minuten unter ständigem Rühren sprudelnd kochen lassen und von der Kochstelle nehmen.

3 Das Kochgut evtl. abschäumen, sofort randvoll in vorbereitete Gläser füllen, mit Twist-off-Deckeln® verschließen, umdrehen und etwa 5 Minuten auf dem Deckel stehen lassen.

LEIFHEIT
Einkoch
Spaß

Aprikosen-Bananen-Konfitüre

(etwa 7 Gläser zu je 200 ml)

Zutaten

1 kg Aprikosen (vorbereitet gewogen)
500 g Bananen (vorbereitet gewogen)
1 Pck. (5 g) Zitronensäure
1 Pck. (500 g) Super Gelier Zucker

Zubereitungszeit:
60 Minuten

Pro 100 g:
E: 0,8 g, F: 0,1 g, Kh: 35,6 g,
kJ: 638, kcal: 151

FÜR KINDER

1 Aprikosen waschen, abtropfen lassen, entsteinen, fein würfeln und abwiegen (1 kg). Bananen schälen, fein schneiden und abwiegen (500 g).

2 Früchte und Zitronensäure in einem Kochtopf mit Super Gelier Zucker gut verrühren. Das Kochgut unter Rühren bei starker Hitze zum Kochen bringen, mindestens 3 Minuten unter ständigem Rühren sprudelnd kochen lassen und von der Kochstelle nehmen.

3 Das Kochgut evtl. abschäumen, sofort randvoll in vorbereitete Gläser füllen, mit Twist-off-Deckeln® verschließen, umdrehen und etwa 5 Minuten auf dem Deckel stehen lassen.

Tipp: *100 g Aprikosen können nach Belieben durch 100 ml Aprikosenlikör ersetzt werden.*

Sauerkirsch-Apfel-Konfitüre mit Zimt

(etwa 7 Gläser zu je 200 g)

Zutaten

600 g Sauerkirschen (vorbereitet gewogen)
400 g Äpfel (vorbereitet gewogen)
1 Msp. gemahlener Zimt
1 Pck. (5 g) Zitronensäure
1150 g Zucker
1 Beutel (20 g) Gelfix Classic

Zubereitungszeit:
60 Minuten

Pro 100 g:
E: 0,3 g, F: 0,2 g, Kh: 61,4 g,
kJ: 1074, kcal: 256

RAFFINIERT

1 Sauerkirschen waschen, abtropfen lassen, entstielen, entsteinen, halbieren und abwiegen (600 g). Äpfel waschen, schälen, vierteln, entkernen, fein würfeln und abwiegen (400 g).

2 Früchte, Zimt und Zitronensäure in einen Kochtopf geben. Beutelinhalt von Gelfix Classic erst mit 2 Esslöffeln der abgewogenen Zuckermenge mischen, dann mit der Fruchtmasse verrühren. Das Kochgut unter Rühren bei starker Hitze zum Kochen bringen. Sobald alles bei ständigem Rühren durch und durch sprudelnd kocht, den restlichen Zucker zufügen.

3 Alles unter Rühren wieder zum Kochen bringen, mindestens 3 Minuten unter ständigem Rühren kochen lassen und von der Kochstelle nehmen.

4 Das Kochgut evtl. abschäumen, sofort randvoll in vorbereitete Gläser füllen, mit Twist-off-Deckeln® verschließen, umdrehen und etwa 5 Minuten auf dem Deckel stehen lassen.

Tipp: *Nach Belieben können 100 g Sauerkirschen durch 100 ml Kirschwasser ersetzt werden.*

Rhabarber-Ingwer-Konfitüre

(Foto – etwa 7 Gläser zu je 200 g)

Zutaten

1 kg Rhabarber (vorbereitet gewogen)
10–20 g frische Ingwerwurzel
1 Pck. (5 g) Zitronensäure
1 Beutel (20 g) Gelfix Classic
1150 g Zucker

Zubereitungszeit:
60 Minuten

Pro 100 g:
E: 0,3 g, F: 0,1 g, Kh: 56,2 g,
kJ: 980, kcal: 234

ZUM VERSCHENKEN

1 Rhabarber waschen, gut abtropfen lassen, in sehr kleine Stücke schneiden (nicht abziehen) und abwiegen (1 kg). Ingwer schälen und fein schneiden.

2 Rhabarber, Ingwer und Zitronensäure in einen Kochtopf geben. Beutelinhalt von Gelfix Classic erst mit 2 Esslöffeln der abgewogenen Zuckermenge mischen, dann mit der Masse verrühren. Das Kochgut unter Rühren bei starker Hitze zum Kochen bringen. Sobald alles bei ständigem Rühren durch und durch sprudelnd kocht, restlichen Zucker zufügen.

3 Alles unter Rühren wieder zum Kochen bringen, mindestens 3 Minuten unter ständigem Rühren kochen lassen und von der Kochstelle nehmen.

4 Das Kochgut evtl. abschäumen, sofort randvoll in vorbereitete Gläser füllen, mit Twist-off-Deckeln® verschließen, umdrehen und etwa 5 Minuten auf dem Deckel stehen lassen.

Passionsfrucht-Sauerkirsch-Konfitüre

(etwa 7 Gläser zu je 200 ml)

Zutaten

200 g rotes Passionsfruchtfleisch (vorbereitet gewogen)
1200 g Sauerkirschen (vorbereitet gewogen)
1 Pck. (500 g) Diät Gelier Fruchtzucker

Zubereitungszeit:
60 Minuten

Pro 100 g:
E: 0,9 g, F: 0,3 g, Kh: 35,6 g,
kJ: 657, kcal: 155
BE: 3,0 (1 BE = 34 g)

FÜR DIABETIKER GEEIGNET

1 Passionsfrüchte halbieren. Die geleeartige Fruchtmasse mit den Samenkernchen herauslösen und abwiegen (200 g). Sauerkirschen waschen, abtropfen lassen, entstielen, entsteinen, halbieren und abwiegen (1200 g).

2 Früchte in einem Kochtopf mit Diät Gelier Fruchtzucker gut verrühren. Das Kochgut unter Rühren bei starker Hitze zum Kochen bringen, mindestens 3 Minuten unter ständigem Rühren sprudelnd kochen lassen und von der Kochstelle nehmen.

3 Das Kochgut evtl. abschäumen, sofort randvoll in vorbereitete Gläser füllen, mit Twist-off-Deckeln® verschließen, umdrehen und etwa 5 Minuten auf dem Deckel stehen lassen.

Beerenkonfitüre mit Tee

(etwa 8 Gläser zu je 200 ml)

Zutaten

200 ml roter Traubensaft (ungesüßt)
200 ml trockener, roter Sekt oder Rotwein
2 EL loser Früchtetee, z. B. Johannisbeer-Kirsch-Geschmack
500 g Himbeeren (vorbereitet gewogen)
300 g Brombeeren (vorbereitet gewogen)
300 g Heidelbeeren (vorbereitet gewogen)
1 Pck. (500 g) Super Gelier Zucker

Zubereitungszeit:
60 Minuten

Pro 100 g:
E: 0,7 g, F: 0,4 g, Kh: 30,5 g,
kJ: 588, kcal: 139

MIT ALKOHOL

1 Traubensaft und Sekt oder Wein abmessen und aufkochen, den Früchtetee damit übergießen und 10 Minuten ziehen lassen. Die Teezubereitung durch ein Sieb geben. Beeren verlesen, evtl. waschen, abtropfen lassen und abwiegen (500 g Himbeeren, 300 g Brombeeren, 300 g Heidelbeeren).

2 Teezubereitung und Früchte in einem Kochtopf mit Super Gelier Zucker gut verrühren. Kochgut unter Rühren bei starker Hitze zum Kochen bringen, mindestens 3 Minuten unter ständigem Rühren sprudelnd kochen lassen und von der Kochstelle nehmen.

3 Das Kochgut evtl. abschäumen, sofort randvoll in vorbereitete Gläser füllen, mit Twist-off-Deckeln® verschließen, umdrehen und etwa 5 Minuten auf dem Deckel stehen lassen.

Tipp: *Sie können auch TK-Beerenfrüchte verwenden. Wiegen Sie die Früchte gefroren, tauen Sie diese dann erst auf und verwenden Sie den entstehenden Saft bei der Zubereitung mit.*

Grüner-Tee-Gelee

(etwa 5 Gläser zu je 200 g)

Zutaten

400 ml heller Traubensaft (ungesüßt)
2 EL loser grüner Tee
250 ml (¼ l) Apfelsaft (ungesüßt)
1 Pck. Geriebene Zitronenschale
1 Pck. (20 g) Gelfix Classic
800 g Zucker
50 ml trockener Sherry

Zubereitungszeit:
25 Minuten

Pro 100 g:
E: 0,2 g, F: 0,1 g, Kh: 61,7 g,
kJ: 1086, kcal: 259

RAFFINIERT

1 Den Traubensaft zum Kochen bringen, etwas abkühlen lassen, den Tee damit übergießen und etwa 3 Minuten ziehen lassen. Tee durch ein feines Sieb geben.

2 Teezubereitung mit Apfelsaft und Zitronenschale in einen Kochtopf geben. Beutelinhalt von Gelfix Classic erst mit 2 Esslöffeln der abgewogenen Zuckermenge mischen, dann mit der Tee-Saft-Mischung verrühren. Das Kochgut unter Rühren bei starker Hitze zum Kochen bringen. Sobald alles bei ständigem Rühren durch und durch sprudelnd kocht, restlichen Zucker zufügen.

3 Alles unter Rühren wieder zum Kochen bringen, mindestens 3 Minuten unter ständigem Rühren kochen lassen und von der Kochstelle nehmen. Jetzt Sherry unterrühren.

4 Das Kochgut evtl. abschäumen, sofort randvoll in vorbereitete Gläser füllen, mit Twist-off-Deckeln® verschließen, umdrehen und etwa 5 Minuten auf dem Deckel stehen lassen.

Quitten-Apfel-Konfitüre

(Foto – etwa 7 Gläser zu je 200 g)

Zutaten

1 kg Quitten (vorbereitet gewogen)
250 ml (¼ l) Wasser
400 g Äpfel (vorbereitet gewogen)
1 Pck. (5 g) Zitronensäure
1 Pck. (500 g) Diät Gelier Fruchtzucker

Zubereitungszeit:
90 Minuten

Pro 100 g:
E: 0,3 g, F: 0,3 g, Kh: 29,4 g,
kJ: 528, kcal: 125
BE: 2,5 (1 BE = 41 g)

FÜR DIABETIKER GEEIGNET

1 Quitten mit einem Tuch trocken abreiben, um den Flaum zu entfernen. Quitten waschen, abtropfen lassen, entstielen, achteln, entkernen und abwiegen (1 kg).

2 Quitten mit dem abgemessenen Wasser in einem geschlossenen Topf zum Kochen bringen und etwa 20 Minuten bei schwacher Hitze kochen lassen. Die Fruchtmasse dann pürieren und abkühlen lassen.

3 In der Zwischenzeit Äpfel waschen, abtropfen lassen, vierteln, entkernen, fein schneiden und abwiegen (400 g).

4 Quittenbrei, Äpfel und Zitronensäure in einem Kochtopf mit Diät Gelier Fruchtzucker gut verrühren. Das Kochgut unter Rühren bei starker Hitze zum Kochen bringen, mindestens 3 Minuten unter ständigem Rühren sprudelnd kochen lassen und von der Kochstelle nehmen.

5 Das Kochgut evtl. abschäumen, sofort randvoll in vorbereitete Gläser füllen, mit Twist-off-Deckeln® verschließen, umdrehen und etwa 5 Minuten auf dem Deckel stehen lassen.

Quitten-Birnen-Konfitüre

(etwa 5 Gläser zu je 200 ml)

Zutaten

500 g Quitten (vorbereitet gewogen)
250 ml (¼ l) Weißwein
500 g Birnen (vorbereitet gewogen)
1 Pck. (5 g) Zitronensäure
1 Pck. (500 g) Extra Gelier Zucker

Zubereitungszeit:
90 Minuten

Pro 100 g:
E: 0,3 g, F: 0,1 g, Kh: 46,2 g,
kJ: 861, kcal: 203

MIT ALKOHOL

1 Quitten mit einem Tuch trocken abreiben, um den Flaum zu entfernen. Quitten waschen, abtropfen lassen, entstielen, achteln, entkernen und abwiegen (500 g).

2 Quitten mit Wein in einem geschlossenen Topf zum Kochen bringen und etwa 20 Minuten bei schwacher Hitze kochen lassen. Die Fruchtmasse dann pürieren und abkühlen lassen.

3 In der Zwischenzeit Birnen vierteln, entkernen, fein schneiden und abwiegen (500 g).

4 Quittenpüree, Birnen und Zitronensäure in einem Kochtopf mit Extra Gelier Zucker gut verrühren. Das Kochgut unter Rühren bei starker Hitze zum Kochen bringen, mindestens 3 Minuten unter ständigem Rühren sprudelnd kochen lassen und von der Kochstelle nehmen.

5 Das Kochgut evtl. abschäumen und sofort randvoll in vorbereitete Gläser füllen, mit Twist-off-Deckeln® verschließen, umdrehen und etwa 5 Minuten auf dem Deckel stehen lassen.

Süßkirsch-Rhabarber-Konfitüre

(etwa 5 Gläser zu je 200 ml)

Zutaten

650 g Süßkirschen (vorbereitet gewogen)
350 g Rhabarber (vorbereitet gewogen)
1 Pck. (5 g) Zitronensäure
350 g* Zucker, Fruchtzucker oder Sorbit
1 Beutel (25 g) Gelfix Super
½ TL gemahlener Zimt

Zubereitungszeit:
60 Minuten

Pro 100 g (bei Zubereitung mit Fruchtzucker):
E: 0,6 g, F: 0,2 g, Kh: 34,9 g,
kJ: 628, kcal: 150
BE: 2,9 (1 BE = 34 g)

FÜR DIABETIKER GEEIGNET

1 Kirschen waschen, abtropfen lassen, entstielen, entsteinen, halbieren und abwiegen (650 g). Rhabarber waschen, abtropfen lassen, in sehr kleine Stücke schneiden (nicht abziehen) und abwiegen (350 g).

2 Kirschen, Rhabarber und Zitronensäure in einen Kochtopf geben. Abgewogenes Süßungsmittel mit Gelfix Super und Zimt mischen, dann mit der Fruchtmasse verrühren. Alles unter Rühren bei starker Hitze zum Kochen bringen, mindestens 3 Minuten unter ständigem Rühren sprudelnd kochen lassen und von der Kochstelle nehmen.

3 Das Kochgut evtl. abschäumen, sofort randvoll in vorbereitete Gläser füllen, mit Twist-off-Deckeln® verschließen, umdrehen und etwa 5 Minuten auf dem Deckel stehen lassen.

** Diabetiker sollen Zuckeraustauschstoffe verwenden.*

Heidelbeer-Himbeer-Konfitüre

(etwa 3 Gläser zu je 200 g)

Zutaten

500 g Heidelbeeren (vorbereitet gewogen)
500 g Himbeeren (vorbereitet gewogen)
1 Msp. gemahlener Zimt
25 ml Flüssigsüße
1 Beutel (25 g) Gelfix Super

Zubereitungszeit:
60 Minuten

Pro 100 g:
E: 1,0 g, F: 0,5 g, Kh: 7,7 g,
kJ: 191, kcal: 45
BE: 0,6 (1 BE = 155 g)

FÜR DIABETIKER GEEIGNET

1 Heidelbeeren verlesen, waschen, abtropfen lassen und abwiegen (500 g). Himbeeren verlesen und abwiegen (500 g).

2 Beeren und Zimt in einen Kochtopf geben, erst die Flüssigsüße unterrühren, dann Gelfix Super unter Rühren einstreuen. Das Kochgut unter Rühren bei starker Hitze zum Kochen bringen, mindestens 3 Minuten unter ständigem Rühren sprudelnd kochen lassen und von der Kochstelle nehmen.

3 Das Kochgut evtl. abschäumen, sofort randvoll in vorbereitete Gläser füllen, mit Twist-off-Deckeln® verschließen, umdrehen und etwa 5 Minuten auf dem Deckel stehen lassen.

Leichte Orangen-Grapefruit-Marmelade

(Foto – etwa Gläser zu je 200 ml)

Zutaten

500 g Orangenfilets (von etwa 8 Orangen, vorbereitet gewogen)
500 g Grapefruitfilets (etwa 8 Grapefruits, vorbereitet gewogen)
1 Pck. Finesse Orangenfrucht
1 Beutel (25 g) Gelfix Super
350 g* Zucker, Fruchtzucker oder Sorbit

Zubereitungszeit:
60 Minuten

Pro 100 g (bei Zubereitung mit Fruchzucker):
E: 0,6 g, F: 0,2 g, Kh: 34,8 g,
kJ: 631, kcal: 151
BE: 2,9 (1 BE = 34 g)

FÜR DIABETIKER GEEIGNET

1 Orangen und Grapefruits schälen, dabei die weiße Haut mit entfernen, Fruchtfilets herausschneiden und abwiegen (je 500 g).

2 Früchte und Orangenfrucht in einen Kochtopf geben. Abgewogene Zuckermenge mit Gelfix Super mischen, dann mit der Fruchtmasse verrühren. Alles unter Rühren bei starker Hitze zum Kochen bringen, mindestens 3 Minuten unter ständigem Rühren sprudelnd kochen lassen und von der Kochstelle nehmen.

3 Das Kochgut evtl. abschäumen, sofort randvoll in vorbereitete Gläser füllen, mit Twist-off-Deckeln® verschließen, umdrehen und etwa 5 Minuten auf dem Deckel stehen lassen.

** Diabetiker sollen Zuckeraustauschstoffe verwenden.*

Feigen-Orangen-Konfitüre

(etwa 5 Gläser zu je 200 ml)

Zutaten

750 g Feigen (vorbereitet gewogen)
250 g Orangenfilets (von etwa 4 Orangen, vorbereitet gewogen)
1 Pck. (500 g) Extra Gelier Zucker

Zubereitungszeit:
60 Minuten

Pro 100 g:
E: 0,9 g, F: 0,3 g, Kh: 42,7 g,
kJ: 759, kcal: 179

RAFFINIERT

1 Feigen waschen, abtropfen lassen, halbieren, in Scheiben schneiden und abwiegen (750 g). Orangen schälen, dabei die weiße Haut mit entfernen, Fruchtfilets herausschneiden und abwiegen (250 g).

2 Früchte in einem Kochtopf mit Extra Gelier Zucker gut verrühren. Das Kochgut unter Rühren bei starker Hitze zum Kochen bringen, mindestens 3 Minuten unter ständigem Rühren sprudelnd kochen lassen und von der Kochstelle nehmen.

3 Das Kochgut evtl. abschäumen, sofort randvoll in vorbereitete Gläser füllen, mit Twist-off-Deckeln® verschließen, umdrehen und etwa 5 Minuten auf dem Deckel stehen lassen.

Lemon-Curd

(Foto – 2–3 Gläser zu je 200 ml)

Zutaten

150 ml Zitronensaft (frisch gepresst)
100 ml Orangensaft (frisch gepresst)
100 g Butter
30 g gesiebte Speisestärke
150 ml Weißwein
150 g Zucker
1 Pck. Finesse Geriebene Zitronenschale

Zubereitungszeit:
30 Minuten

Pro 100 g:
E: 0,4 g, F: 13 g, Kh: 32,9 g, kJ: 1129, kcal: 269

SCHNELL

1 Zitronen und Orangen getrennt auspressen und Saft abmessen (150 ml Zitronen- und 100 ml Orangensaft).

2 Butter zerlassen, Speisestärke unter Rühren so lange darin erhitzen, bis sie hellgelb ist. Zitronen-, Orangensaft und Weißwein unter Rühren mit einem Schneebesen hinzufügen, dabei darauf achten, dass keine Klümpchen entstehen. Zucker und Zitronenschale zufügen, alles 2 Minuten kochen lassen und von der Kochstelle nehmen.

3 Das Kochgut sofort randvoll in vorbereitete Gläser füllen, mit Twist-off-Deckeln® verschließen, umdrehen und etwa 5 Minuten auf dem Deckel stehen lassen.

Tipp: *Lemon-Curd ist im Kühlschrank nur etwa 3 Tage haltbar!*

Nektarinen-Eierpflaumen-Melonen-Konfitüre

(etwa 5 Gläser zu je 200 ml)

Zutaten

400 g Nektarinen (vorbereitet gewogen)
300 g Eierpflaumen (vorbereitet gewogen)
300 g Honigmelonen-Fruchtfleisch (vorbereitet gewogen)
500 g Zucker
1 Beutel (25 g) Gelfix Extra

Zubereitungszeit:
60 Minuten

Pro 100 g:
E: 0,6 g, F: 0,1 g, Kh: 42,0 g, kJ: 734, kcal: 175

RAFFINIERT

1 Nektarinen und Eierflaumen waschen, abtropfen lassen, halbieren, entsteinen, fein schneiden und abwiegen (400 g Nektarinen bzw. 300 g Eierpflaumen). Honigmelone halbieren und die Kerne mit einem Löffel herausnehmen. Melonenhälften in kleine Spalten schneiden, Schale abschneiden, Fruchtfleisch fein würfeln und abwiegen (300 g).

2 Früchte in einen Kochtopf geben. Abgewogene Zuckermenge mit Gelfix Extra mischen, dann mit der Fruchtmasse verrühren. Alles unter Rühren bei starker Hitze zum Kochen bringen, mindestens 3 Minuten unter ständigem Rühren sprudelnd kochen lassen und von der Kochstelle nehmen.

3 Das Kochgut evtl. abschäumen, sofort randvoll in vorbereitete Gläser füllen, mit Twist-off-Deckeln® verschließen, umdrehen und etwa 5 Minuten auf dem Deckel stehen lassen.

Pflaumenmus Extra

(Foto – 3–4 Gläser zu je 200 ml)

Zutaten

2,5 kg Pflaumen (vorbereitet gewogen)
½ Pck. (250 g) Extra Gelier Zucker
evtl. 3 EL Pflaumenschnaps

Zubereitungszeit:
3 Stunden

Pro 100 g:
E: 0,7 g, F: 0,2 g, Kh: 24,4 g, kJ: 441, kcal: 105

DAUERT LÄNGER

1 Pflaumen waschen, abtropfen lassen, halbieren, entsteinen, vierteln und abwiegen (2,5 kg). Die Pflaumen in eine Fettfangschale geben und auf mittlerer Einschubleiste in den Backofen schieben.

Ober-/Unterhitze: etwa 200°C (vorgeheizt)
Heißluft: etwa 180°C (nicht vorgeheizt)
Gas: etwa Stufe 4 (nicht vorgeheizt)
Garzeit: etwa 2 ½ Stunden

2 Während der Garzeit die Backofentür einen Spalt geöffnet lassen (es kann z. B. ein Kochlöffel eingeklemmt werden). Die Pflaumenmasse während der Garzeit ab und zu durchrühren.

3 Die Pflaumenmasse nach dem Garen in einen Kochtopf umfüllen und mit Extra Gelier Zucker gut verrühren. Das Kochgut unter ständigem Rühren bei starker Hitze zum Kochen bringen, mindestens 3 Minuten unter Rühren sprudelnd kochen lassen und von der Kochstelle nehmen. Jetzt nach Belieben den Pflaumenschnaps unterrühren.

4 Das Kochgut evtl. abschäumen und sofort randvoll in vorbereitete Gläser füllen, mit Twist-off-Deckeln® verschließen, umdrehen und etwa 5 Minuten auf dem Deckel stehen lassen.

Erdbeerkonfitüre

(etwa 5 Gläser zu je 200 ml)

Zutaten

1 kg Erdbeeren (vorbereitet gewogen)
500 g Zucker
1 Beutel (25 g) Gelfix Extra
evtl. 3 EL Mandellikör

Zubereitungszeit:
60 Minuten

Pro 100 g:
E: 0,5 g, F: 0,3 g, Kh: 39,0 g, kJ: 715, kcal: 171

KLASSISCH

1 Erdbeeren waschen, abtropfen lassen, entstielen, fein schneiden und abwiegen (1 kg).

2 Erdbeeren in einen Kochtopf geben. Abgewogene Zuckermenge mit Gelfix Extra mischen, dann mit den Erdbeeren verrühren. Das Kochgut unter Rühren bei starker Hitze zum Kochen bringen, mindestens 3 Minuten unter ständigem Rühren sprudelnd kochen lassen und von der Kochstelle nehmen. Jetzt nach Belieben Mandellikör unterrühren.

3 Das Kochgut evtl. abschäumen, sofort randvoll in vorbereitete Gläser füllen, mit Twist-off-Deckeln® verschließen, umdrehen und etwa 5 Minuten auf dem Deckel stehen lassen.

Birnen-Cidre-Gelee

(etwa 5 Gläser zu je 200 ml)

Zutaten

500 ml (½ l) Birnensaft (ungesüßt)
400 ml herber Cidre (französischer Apfelwein)
1 Pck. (500 g) Extra Gelier Zucker

Zubereitungszeit:
25 Minuten

Pro 100 g:
E: 0,2 g, F: 0,1 g, Kh: 43,8 g, kJ: 796, kcal: 188

ZUM VERSCHENKEN

1 Birnen waschen, abtropfen lassen, vierteln, daraus Saft gewinnen und 500 ml abmessen.

2 Saft und Cidre in einem Kochtopf mit Extra Gelier Zucker gut verrühren. Das Kochgut unter Rühren bei starker Hitze zum Kochen bringen, mindestens 3 Minuten unter ständigem Rühren sprudelnd kochen lassen und von der Kochstelle nehmen.

3 Das Kochgut evtl. abschäumen, sofort randvoll in gründlich gereinigte und gespülte Gläser füllen, mit Twist-off-Deckeln® verschließen, umdrehen und etwa 5 Minuten auf dem Deckel stehen lassen.

Tipp: *Um 500 ml (½ l) Birnensaft zu erhalten, benötigt man etwa 1400 g Birnen.*

Blutorangen-Campari-Gelee

(etwa 4 Gläser zu je 200 ml)

Zutaten

650 ml Blutorangensaft (von etwa 8 Orangen, frisch gepresst)
100 ml Campari
400 g Zucker
1 Beutel (25 g) Gelfix Extra

Zubereitungszeit:
30 Minuten

Pro 100 g:
E: 0,5 g, F: 0,1 g, Kh: 43 g, kJ: 836, kcal: 199

MIT ALKOHOL

1 Blutorangen auspressen und 650 ml Saft abmessen.

2 Saft und Campari in einen Kochtopf geben. Abgewogene Zuckermenge mit Gelfix Extra mischen, dann mit der Fruchtsaft-Campari-Mischung verrühren. Alles unter Rühren bei starker Hitze zum Kochen bringen, mindestens 3 Minuten unter ständigem Rühren sprudelnd kochen lassen und von der Kochstelle nehmen.

3 Das Kochgut evtl. abschäumen, sofort randvoll in gründlich gereinigte und gespülte Gläser füllen, mit Twist-off-Deckeln® verschließen, umdrehen und etwa 5 Minuten auf dem Deckel stehen lassen.

Tipp: *Anstelle des selbstgepressten Saftes kann auch gekaufter Blutorangensaft oder -nektar verwendet werden.*

Rotweingelee mit Karambole

(Foto – 4–5 Gläser zu je 200 ml)

Zutaten

1 Karambole (Sternfrucht, etwa 150 g)
700 ml Rotwein
800 g Zucker
1 Beutel (20 g) Gelfix Classic

Zubereitungszeit:
30 Minuten

Pro 100 g:
E: 0,2 g, F: 0 g, Kh: 52,1 g, kJ: 1003, kcal: 239

SCHNELL

1 Karambole waschen, abtrocknen und in feine Scheiben schneiden.

2 Rotwein und Karambolescheiben in einen Kochtopf geben. Beutelinhalt von Gelfix Classic erst mit 2 Esslöffeln der abgewogenen Zuckermenge mischen, dann mit Wein und Karambolescheiben verrühren.

3 Das Kochgut unter Rühren bei starker Hitze zum Kochen bringen. Sobald alles bei ständigem Rühren durch und durch sprudelnd kocht, den restlichen Zucker zufügen. Alles unter Rühren wieder zum Kochen bringen, mindestens 3 Minuten unter ständigem Rühren sprudelnd kochen lassen und von der Kochstelle nehmen.

4 Das Kochgut evtl. abschäumen, sofort randvoll in vorbereitete Gläser füllen, mit Twist-off-Deckeln® verschließen, umdrehen und etwa 5 Minuten auf dem Deckel stehen lassen.

Tipp: *Gläser während des Erkaltens öfter drehen, damit sich die Karambolescheiben besser verteilen.*

Süßkirsch-Wein-Gelee

(etwa 6 Gläser zu je 200 ml)

Zutaten

750 ml (¾ l) Süßkirschsaft (ungesüßt)
750 ml (¾ l) trockener Weißwein
1 Pck. (500 g) Super Gelier Zucker

Zubereitungszeit:
25 Minuten, ohne Saftgewinnung

Pro 100 g:
E: 0,4 g, F: 0,1 g, Kh: 31,0 g, kJ: 662, kcal: 157

MIT ALKOHOL

1 Süßkirschen waschen, abtropfen lassen, entstielen, entsteinen, daraus Saft gewinnen und 750 ml abmessen.

2 Fruchtsaft und Wein in einem Kochtopf mit Super Gelier Zucker gut verrühren. Kochgut unter Rühren bei starker Hitze zum Kochen bringen, mindestens 3 Minuten unter ständigem Rühren sprudelnd kochen lassen und von der Kochstelle nehmen.

3 Das Kochgut evtl. abschäumen, sofort randvoll in vorbereitete Gläser füllen, mit Twist-off-Deckeln® verschließen, umdrehen und etwa 5 Minuten auf dem Deckel stehen lassen.

Apfel-Birnen-Gelee mit Minze

(Foto – etwa 6 Gläser zu je 200 ml)

Zutaten

450 ml Apfelsaft (ungesüßt)
400 ml Birnensaft (ungesüßt)
2 EL gehackte Minze
1 Beutel (20 g) Gelfix Classic
1 kg Zucker
evtl. 3 EL Whisky

Zubereitungszeit:
25 Minuten, ohne Saftgewinnung

Pro 100 g:
E: 0,2 g, F: 0,1 g, Kh: 61,9 g,
kJ: 1068, kcal: 255

ZUM VERSCHENKEN

1 Äpfel und Birnen waschen, abtropfen lassen, vierteln, daraus getrennt Saft gewinnen und abmessen (450 ml Apfelsaft und 400 ml Birnensaft). Minze waschen, trockentupfen und hacken.

2 Beide Säfte zusammen in einen Kochtopf geben. Beutelinhalt von Gelfix Classic erst mit 2 Esslöffeln der abgewogenen Zuckermenge mischen, dann mit dem Fruchtsaft verrühren.

3 Das Kochgut unter Rühren bei starker Hitze zum Kochen bringen. Sobald alles bei ständigem Rühren durch und durch sprudelnd kocht, den restlichen Zucker zufügen. Alles unter Rühren wieder zum Kochen bringen, mindestens 3 Minuten unter ständigem Rühren kochen lassen und von der Kochstelle nehmen. Jetzt Minze und nach Belieben Whisky unterrühren.

4 Das Kochgut evtl. abschäumen, sofort randvoll in vorbereitete Gläser füllen, mit Twist-off-Deckeln® verschließen, umdrehen und etwa 5 Minuten auf dem Deckel stehen lassen.

Tipp: *Die Haltbarkeit des Gelees wird durch die Zugabe der Minze verkürzt. Die Gläser während des Erkaltens öfter drehen, damit sich die Minze besser verteilt.*

Apfelgelee mit Rosinen

(etwa 6 Gläser zu je 200 ml)

Zutaten

850 ml Apfelsaft (ungesüßt)
150 g Rosinen
1 Pck. (5 g) Zitronensäure
1 Beutel (20 g) Gelfix Classic
1 kg Zucker
evtl. 4 EL Calvados

Zubereitungszeit:
25 Minuten, ohne Saftgewinnung

Pro 100 g:
E: 0,3 g, F: 0,2 g, Kh: 60,6 g,
kJ: 1092, kcal: 261

RAFFINIERT

1 Äpfel waschen, abtropfen lassen, vierteln, daraus Saft gewinnen und 850 ml abmessen.

2 Saft mit Rosinen und Zitronensäure in einen Kochtopf geben. Beutelinhalt von Gelfix Classic erst mit 2 Esslöfffeln der abgewogenen Zuckermenge mischen, dann mit dem Saft verrühren.

3 Das Kochgut unter Rühren bei starker Hitze zum Kochen bringen. Sobald alles bei ständigem Rühren durch und durch sprudelnd kocht, restlichen Zucker zufügen. Alles unter Rühren wieder zum Kochen bringen, mindestens 3 Minuten unter ständigem Rühren sprudelnd kochen lassen und von der Kochstelle nehmen. Jetzt nach Belieben Calvados unterrühren.

4 Das Kochgut evtl. abschäumen, sofort randvoll in vorbereitete Gläser füllen, mit Twist-off-Deckeln® verschließen, umdrehen und etwa 5 Minuten auf dem Deckel stehen lassen.

Tipp: *Die Gläser während des Erkaltens öfter drehen, damit sich die Rosinen besser verteilen.*

Rhabarber-Campari-Gelee

(Foto – etwa 5 Gläser zu je 200 ml)

Zutaten

700 ml Rhabarbersaft (ungesüßt)
2 TL gefriergetrocknete rosa Beeren (roter Pfeffer)
1 Beutel (20 g) Gelfix Classic
1250 g Zucker
50 ml Campari

Zubereitungszeit:
25 Minuten, ohne Saftgewinnung

Pro 100 g:
E: 0,2 g, F: 0 g, Kh: 69 g,
kJ: 1212, kcal: 289

RAFFINIERT

1 Rhabarber waschen, abtropfen lassen, in grobe Stücke schneiden (nicht abziehen), daraus Saft gewinnen und 700 ml abmessen.

2 Rhabarbersaft und rosa Beeren in einen Kochtopf geben. Beutelinhalt von Gelfix Classic erst mit 2 Esslöffeln der abgewogenen Zuckermenge mischen, dann mit dem Rhabarbersaft verrühren.

3 Das Kochgut unter Rühren bei starker Hitze zum Kochen bringen. Sobald alles bei ständigem Rühren durch und durch sprudelnd kocht, den restlichen Zucker zufügen. Alles unter Rühren wieder zum Kochen bringen, mindestens 3 Minuten unter ständigem Rühren kochen lassen und von der Kochstelle nehmen. Jetzt Campari unterrühren.

4 Das Kochgut evtl. abschäumen, sofort randvoll in vorbereitete Gläser füllen, mit Twist-off-Deckeln® verschließen, umdrehen und etwa 5 Minuten auf dem Deckel stehen lassen.

Tipp: *Während des Abkühlens die Gläser ab und zu umdrehen, damit sich die Pfefferkörner gleichmäßig verteilen.*

Kaffeegelee

(etwa 5 Gläser zu je 200 ml)

Zutaten

600 ml Orangensaft
150 ml Kaffeelikör
3 EL Instant-Espresso-Pulver
1 Pck. Finesse Orangenfrucht
400 g Rohrzucker
1 Beutel (25 g) Gelfix Extra

Zubereitungszeit:
45 Minuten

Pro 100 g:
E: 0,7 g, F: 0,2 g, Kh: 45,2 g,
kJ: 881, kcal: 211

MIT ALKOHOL

1 Orangensaft, Kaffeelikör, Espresso-Pulver und Orangenfrucht in einen Kochtopf geben.

2 Abgewogenen Rohrzucker mit Gelfix Extra mischen, dann mit der Flüssigkeit verrühren. Alles unter Rühren bei starker Hitze zum Kochen bringen, mindestens 3 Minuten unter ständigem Rühren sprudelnd kochen lassen und von der Kochstelle nehmen.

3 Das Kochgut evtl. abschäumen, sofort randvoll in vorbereitete Gläser füllen, mit Twist-off-Deckeln® verschließen, umdrehen und etwa 5 Minuten auf dem Deckel stehen lassen.

Tipp: *Sie können im Handel erhältlichen Orangensaft verwenden oder den Orangensaft frisch pressen.*

RHABARBER-
GELEE
RHABARBER-
GELEE

Zitronengelee mit Schale

(Foto – etwa 6 Gläser zu je 200 ml)

Zutaten

30 g Zitronenschale (von 2–3 unbehandelten Zitronen)
900 ml Zitronensaft (frisch gepresst)
1 Beutel (20 g) Gelfix Classic
1 kg Zucker

Zubereitungszeit:
45 Minuten

Pro 100 g:
E: 0,3 g, F: 0,2 g, Kh: 64,1 g,
kJ: 1138, kcal: 271

FRUCHTIG

1 Die unbehandelten Zitronen heiß waschen, trockenreiben, dünn schälen, die Schale in sehr feine Streifen schneiden (oder Zitrone mit einem Fadenschneider oder Zestenreißer schälen) und abwiegen (30 g). Zitronen auspressen und 900 ml Zitronensaft abmessen.

2 Zitronensaft und -schale in einen Kochtopf geben. Beutelinhalt von Gelfix Classic erst mit 2 Esslöffeln der abgewogenen Zuckermenge mischen, dann mit dem Zitronensaft verrühren.

3 Das Kochgut unter Rühren bei starker Hitze zum Kochen bringen. Sobald alles bei ständigem Rühren durch und durch sprudelnd kocht, den restlichen Zucker zufügen. Alles unter Rühren wieder zum Kochen bringen, mindestens 3 Minuten unter ständigem Rühren sprudelnd kochen lassen und von der Kochstelle nehmen.

4 Das Kochgut evtl. abschäumen, sofort randvoll in vorbereitete Gläser füllen, mit Twist-off-Deckeln® verschließen, umdrehen und etwa 5 Minuten auf dem Deckel stehen lassen.

Tipp: *Nach Belieben können Sie 100 ml Zitronensaft durch 100 ml Wodka ersetzen.*

Rhabarber-Orangen-Gelee

(etwa 6 Gläser zu je 200 ml)

Zutaten

800 ml Rhabarbersaft (ungesüßt)
200 ml Orangensaft (von etwa 3 Orangen, frisch gepresst)
1150 g Zucker
1 Beutel (20 g) Gelfix Classic

Zubereitungszeit:
25 Minuten, ohne Saftgewinnung

Pro 100 g:
E: 0,3 g, F: 0,1 g, Kh: 60,6 g,
kJ: 1050, kcal: 251

ZUM VERSCHENKEN

1 Rhabarber waschen, abtropfen lassen, in grobe Stücke schneiden (nicht abziehen), daraus Saft gewinnen und abmessen (800 ml). Orangen auspressen und 200 ml Saft abmessen.

2 Säfte zusammen in einen Kochtopf geben. Beutelinhalt von Gelfix Classic erst mit 2 Esslöffeln der abgewogenen Zuckermenge mischen, dann mit dem Saft verrühren.

3 Das Kochgut unter Rühren bei starker Hitze zum Kochen bringen. Sobald alles bei ständigem Rühren durch und durch sprudelnd kocht, restlichen Zucker zufügen. Alles unter Rühren wieder zum Kochen bringen, mindestens 3 Minuten unter ständigem Rühren sprudelnd kochen lassen und von der Kochstelle nehmen.

4 Das Kochgut evtl. abschäumen, sofort randvoll in vorbereitete Gläser füllen, mit Twist-off-Deckeln® verschließen, umdrehen und etwa 5 Minuten auf dem Deckel stehen lassen.

Holunderbeergelee mit Schuss

(Foto – etwa 4 Gläser zu je 200 ml)

Zutaten

550 ml Holunderbeersaft (ungesüßt)
1 Pck. (5 g) Zitronensäure
1 Beutel (20 g) Gelfix Classic
900 g Zucker
½ TL gemahlener Zimt
1 Msp. gemahlene Nelken
evtl. 50 ml Rum

Zubereitungszeit:
25 Minuten, ohne Saftgewinnung

Pro 100 g:
E: 0,9 g, F: 0,2 g, Kh: 65,6 g, kJ: 1187, kcal: 283

ZUM VERSCHENKEN

1 Holunderbeeren waschen, abtropfen lassen, daraus Saft gewinnen und 550 ml abmessen.

2 Holunderbeersaft und Zitronensäure in einen Kochtopf geben. Beutelinhalt von Gelfix Classic erst mit 2 Esslöffeln der abgewogenen Zuckermenge, Zimt und Nelken mischen, dann mit dem Saft verrühren.

3 Das Kochgut unter Rühren bei starker Hitze zum Kochen bringen. Sobald alles bei ständigem Rühren durch und durch sprudelnd kocht, den restlichen Zucker zufügen. Alles unter Rühren wieder zum Kochen bringen, mindestens 3 Minuten unter ständigem Rühren sprudelnd kochen lassen und von der Kochstelle nehmen. Jetzt nach Belieben Rum unterrühren.

4 Das Kochgut evtl. abschäumen, sofort randvoll in vorbereitete Gläser füllen, mit Twist-off-Deckeln® verschließen, umdrehen und etwa 5 Minuten auf dem Deckel stehen lassen.

Tipp: *Der Rum kann auch ersatzlos weggelassen werden.*

Holunderbeer-Pflaumen-Gelee

(etwa 4 Gläser zu je 200 ml)

Zutaten

600 ml Holunderbeersaft (ungesüßt)
300 ml Pflaumensaft (ungesüßt)
1 Pck. (5 g) Zitronensäure
1 Pck. (500 g) Extra Gelier Zucker

Zubereitungszeit:
25 Minuten, ohne Saftgewinnung

Pro 100 g:
E: 0,1 g, F: 0,2 g, Kh: 42,8 g, kJ: 770, kcal: 182

FÜR KINDER

1 Holunderbeeren waschen, abtropfen lassen, daraus Saft gewinnen und 600 ml abmessen. Pflaumen waschen, abtropfen lassen, entstielen, entsteinen, daraus Saft gewinnen und 300 ml abmessen.

2 Fruchtsäfte und Zitronensäure in einem Kochtopf mit Extra Gelier Zucker gut verrühren. Das Kochgut unter Rühren bei starker Hitze zum Kochen bringen, mindestens 3 Minuten unter ständigem Rühren sprudelnd kochen lassen und von der Kochstelle nehmen.

3 Das Kochgut evtl. abschäumen, sofort randvoll in vorbereitete Gläser füllen, mit Twist-off-Deckeln® verschließen, umdrehen und etwa 5 Minuten auf dem Deckel stehen lassen.

Confiture
LEIFHEIT

Wein-Apfel-Gelee

(etwa 5 Gläser zu je 200 ml)

Zutaten

300 ml Apfelsaft (ungesüßt)
500 ml (½ l) trockener Weißwein
1 Beutel (20 g) Gelfix Classic
900 g Zucker

Zubereitungszeit:
25 Minuten, ohne Saftgewinnung

Pro 100 g:
E: 0,1 g, F: 0,1 g, Kh: 57,3 g, kJ: 1079, kcal: 257

MIT ALKOHOL

1 Äpfel waschen, abtropfen lassen, vierteln, daraus Saft gewinnen und 300 ml abmessen.

2 Wein und Apfelsaft in einen Kochtopf geben. Beutelinhalt von Gelfix Classic erst mit 2 Esslöffeln der abgewogenen Zuckermenge mischen, dann mit dem Wein-Apfelsaft-Gemisch verrühren.

3 Das Kochgut unter Rühren bei starker Hitze zum Kochen bringen. Sobald alles bei ständigem Rühren durch und durch sprudelnd kocht, den restlichen Zucker zufügen. Alles unter Rühren wieder zum Kochen bringen, mindestens 3 Minuten unter ständigem Rühren sprudelnd kochen lassen und von der Kochstelle nehmen.

4 Das Kochgut evtl. abschäumen, sofort randvoll in gründlich gereinigte und gespülte Gläser füllen, mit Twist-off-Deckeln® verschließen, umdrehen und etwa 5 Minuten auf dem Deckel stehen lassen.

Tipp: *Um 300 ml Apfelsaft zu erhalten, benötigt man etwa 700 g Äpfel. Handelsüblicher Apfelsaft sollte für dieses Rezept nicht verwendet werden.*

Hinweis: *Aus der Weinherstellung ist bekannt, dass sich während der Gärung und Lagerung von Wein unter bestimmten Bedingungen Weinstein bilden kann. Dieser ist in Wasser und besonders in alkohol- und zuckerreichen Lösungen schwer löslich und setzt sich daher in kristallähnlicher Form am Boden der Flasche oder am Korken ab. Zur Kristallbildung kann es kommen, wenn bei der Konfitüren- oder Geleeherstellung ein hoher Weinsäure-Gehalt auftritt. Über den Wein gelangt Weinsäure in das Gelee. Der Zuckergehalt des Gelees verhindert, daß sich der gebildete Weinstein löst. Während der Lagerung kann er sich in Kristallform absetzen. Eine niedrige Lagertemperatur, die für Konfitüren oder Gelees erforderlich ist, begünstigt die Kristallbildung.*

Himbeer-Stachelbeer-Gelee

(Foto – etwa 4 Gläser zu je 200 ml)

Zutaten

450 ml Himbeersaft (ungesüßt)
450 ml Stachelbeersaft (ungesüßt)
1 Pck. (500 g) Extra Gelier Zucker

Zubereitungszeit:
25 Minuten, ohne Saftgewinnung

Pro 100 g:
E: 0,6 g, F: 0,2 g, Kh: 41,9 g,
kJ: 748, kcal: 177

KLASSISCH

1 Himbeeren verlesen, daraus Saft gewinnen und 450 ml abmessen. Stachelbeeren waschen, abtropfen lassen, halbieren, daraus Saft gewinnen und 450 ml abmessen.

2 Beide Säfte in einem Kochtopf mit Extra Gelier Zucker gut verrühren. Das Kochgut unter Rühren bei starker Hitze zum Kochen bringen, mindestens 3 Minuten unter ständigem Rühren sprudelnd kochen lassen und von der Kochstelle nehmen.

3 Das Kochgut evtl. abschäumen, sofort randvoll in vorbereitete Gläser füllen, mit Twist-off-Deckeln® verschließen, umdrehen und etwa 5 Minuten auf dem Deckel stehen lassen.

Weingelee mit Rosenblüten

(Foto S. 66 – etwa 3 Gläser zu je 370 ml)

Zutaten

700 ml trockener Weiß- oder Roséwein
1 Beutel (20 g) Gelfix Classic
800 g Zucker
1 TL Rosenwasser (aus der Apotheke)
etwa 3 rote oder rosafarbene Rosenblüten (ungespritzt und aufgeblüht)

Zubereitungszeit:
90 Minuten

Pro 100 g:
E: 0,1 g, F: 0 g, Kh: 56 g,
kJ: 1102, kcal: 263

DAUERT LÄNGER

1 Wein in einen Kochtopf geben. Den Beutelinhalt von Gelfix Classic erst mit 2 Esslöffeln der abgewogenen Zuckermenge mischen, dann mit dem Wein verrühren.

2 Das Kochgut unter Rühren bei starker Hitze zum Kochen bringen. Sobald alles bei ständigem Rühren durch und durch sprudelnd kocht, restlichen Zucker zufügen. Alles unter Rühren wieder zum Kochen bringen, mindestens 3 Minuten unter ständigem Rühren sprudelnd kochen lassen und von der Kochstelle nehmen. Jetzt Rosenwasser unterrühren.

3 In 3 vorbereitete Gläser (370 ml Inhalt) jeweils einen Flüssigkeitsspiegel gießen und etwas abkühlen lassen. Die übrige Flüssigkeit ab und zu umrühren, damit sie nicht fest wird.

4 Die Rosenblüten kalt abspülen und trockentupfen. Je 1 Blüte mit einer Hand umfassen, mit der anderen Hand Stiel und Blütenstempel herausziehen und die Blüte zusammenhängend in eines der Gläser geben. Das Gelee im Glas fest werden lassen.

5 Dann die abgekühlte Flüssigkeit vorsichtig vom Rand aus mit Hilfe eines Esslöffels in die Gläser füllen. Die Blätter mit Hilfe eines Holzstäbchens in die richtige Lage bringen und die Gläser mit Twist-off-Deckeln® verschließen.

Tipp: *Die Rosenblüten verringern die Haltbarkeit des Gelees erheblich, es sollte deshalb innerhalb einer Woche verbraucht werden. Die Flüssigkeit darf beim Einfüllen nicht zu heiß sein, sonst werden die Rosenblätter kraus.*

Ingwergelee

(Foto – etwa 4 Gläser zu je 200 ml)

Zutaten

20 g Orangenschale
(von 1–2 unbehandelten Orangen)
350 ml Orangensaft
200 ml Zitronensaft
(beide Säfte frisch gepresst)
150 g frischer Ingwer
(vorbereitet gewogen)
200 ml Wasser
1 Pck. (5 g) Zitronensäure
350 g* Zucker, Fruchtzucker oder Sorbit
1 Beutel (25 g) Gelfix Super

Zubereitungszeit:
45 Minuten

Pro 100 g (bei Zubereitung mit Fruchtzucker):
E: 0,5 g, F: 0,3 g, Kh: 36,8 g,
kJ: 667, kcal: 159
BE: 3,1 (1 BE = 33 g)

FÜR DIABETIKER GEEIGNET

1 Orangen heiß waschen, trocken reiben, dünn schälen und die Schale in sehr feine Streifen schneiden (oder Orange mit einem Fadenschneider oder Zestenreißer schälen) und abwiegen (20 g). Orangen und Zitronen getrennt auspressen und Saft abmessen (350 ml Orangensaft und 200 ml Zitronensaft). Ingwer schälen, sehr fein würfeln und abwiegen (150 g).

2 Beide Säfte, Orangenschale, Ingwer, Wasser und Zitronensäure in einen Kochtopf geben. Abgewogenes Süßungsmittel mit Gelfix Super mischen, dann mit dem Fruchtsaft verrühren. Alles unter Rühren bei starker Hitze zum Kochen bringen, mindestens 3 Minuten unter ständigem Rühren sprudelnd kochen lassen und von der Kochstelle nehmen.

3 Das Kochgut evtl. abschäumen, sofort randvoll in vorbereitete Gläser füllen, mit Twist-off-Deckeln® verschließen, umdrehen und etwa 5 Minuten auf dem Deckel stehen lassen.

Tipp: *Gläser während des Erkaltens öfter drehen, damit sich die Orangenschale und Ingwerstückchen besser verteilen.*

** Diabetiker sollen Zuckeraustauschstoffe verwenden.*

Dreifruchtgelee

(etwa 4 Gläser zu je 200 ml)

Zutaten

400 ml roter Johannisbeersaft
300 ml Brombeersaft
200 ml Sauerkirschsaft
(alle Säfte ungesüßt)
1 Pck. (5 g) Zitronensäure
350 g* Zucker, Fruchtzucker oder Sorbit
1 Beutel (25 g) Gelfix Super

Zubereitungszeit:
25 Minuten, ohne Saftgewinnung

Pro 100 g (bei Zubereitung mit Fruchtzucker):
E: 0,7 g, F: 0,3 g, Kh: 40,3 g,
kJ: 735, kcal: 175
BE: 3,4 (1 BE = 30 g)

FÜR DIABETIKER GEEIGNET

1 Johannisbeeren waschen, abtropfen lassen, daraus Saft gewinnen und 400 ml abmessen. Brombeeren verlesen, daraus Saft gewinnen und 300 ml abmessen. Kirschen waschen, entstielen, entsteinen, daraus Saft gewinnen und 200 ml abmessen.

2 Säfte und Zitronensäure in einen Kochtopf geben. Abgewogenes Süßungsmittel mit Gelfix Super mischen, dann mit dem Fruchtsaft verrühren. Alles unter Rühren bei starker Hitze zum Kochen bringen, mindestens 3 Minuten unter ständigem Rühren sprudelnd kochen lassen und von der Kochstelle nehmen.

3 Das Kochgut evtl. abschäumen, sofort randvoll in vorbereitete Gläser füllen. mit Twist-off-Deckeln® verschließen, umdrehen und etwa 5 Minuten auf dem Deckel stehen lassen.

Tipp: *Bei den Produkten Gelfix Extra und Gelfix Super ist es möglich, auch jeden im Handel erhältlichen Saft und Nektar zu verwenden.*

** Diabetiker sollen Zuckerausstauschstoffe verwenden.*

Sauerkirsch-Brombeer-Gelee

(Foto – etwa 6 Gläser zu je 200 ml)

Zutaten

500 ml (½ l) Sauerkirschsaft (ungesüßt)
400 ml Brombeersaft (ungesüßt)
1 Beutel (20 g) Gelfix Classic
1125 g Zucker
evtl. 50 ml Cognac

Zubereitungszeit:
25 Minuten, ohne Saftgewinnung

Pro 100 g:
E: 0,4 g, F: 0,3 g, Kh: 60,4 g,
kJ: 1085, kcal: 259

ZUM VERSCHENKEN

1 Kirschen waschen, entstielen, entsteinen, daraus Saft gewinnen und 500 ml (1/2 l) abmessen. Brombeeren verlesen, daraus Saft gewinnen und 400 ml abmessen.

2 Beide Säfte zusammen in einen Kochtopf geben. Beutelinhalt von Gelfix Classic erst mit 2 Esslöffeln der abgewogenen Zuckermenge mischen, dann mit dem Fruchtsaft verrühren.

3 Das Kochgut unter Rühren bei starker Hitze zum Kochen bringen. Sobald alles bei ständigem Rühren durch und durch sprudelnd kocht, den restlichen Zucker zufügen. Alles unter Rühren wieder zum Kochen bringen, mindestens 3 Minuten unter ständigem Rühren kochen lassen und von der Kochstelle nehmen. Jetzt nach Belieben Cognac unterrühren.

4 Das Kochgut evtl. abschäumen, sofort randvoll in vorbereitete Gläser füllen, mit Twist-off-Deckeln® verschließen, umdrehen und etwa 5 Minuten auf dem Deckel stehen lassen.

Tipp: *Der Cognac kann auch ersatzlos weggelassen werden.*

Sauerkirschgelee mit Pfirsichstücken

(etwa 6 Gläser zu je 200 ml)

Zutaten

500 ml (½ l) Sauerkirschsaft (ungesüßt)
400 g Pfirsiche (vorbereitet gewogen)
1 Beutel (20 g) Gelfix Classic
1125 g Zucker

Zubereitungszeit:
35 Minuten, ohne Saftgewinnung

Pro 100 g:
E: 0,4 g, F: 0,1 g, Kh: 62,9 g,
kJ: 1092, kcal: 261

FÜR KINDER

1 Kirschen waschen, entstielen, entsteinen, daraus Saft gewinnen und 500 ml abmessen. Pfirsiche waschen, abtropfen lassen, halbieren, entsteinen, fein schneiden und abwiegen (400 g).

2 Kirschsaft und Pfirsichstückchen in einen Kochtopf geben. Beutelinhalt von Gelfix Classic erst mit 2 Esslöffeln der abgewogenen Zuckermenge mischen, dann mit Früchten und Saft verrühren.

3 Das Kochgut unter Rühren bei starker Hitze zum Kochen bringen. Sobald alles bei ständigem Rühren durch und durch sprudelnd kocht, den restlichen Zucker zufügen. Alles unter Rühren wieder zum Kochen bringen, mindestens 3 Minuten unter ständigem Rühren kochen lassen und von der Kochstelle nehmen.

4 Das Kochgut evtl. abschäumen, sofort randvoll in vorbereitete Gläser füllen, mit Twist-off-Deckeln® verschließen, umdrehen und etwa 5 Minuten auf dem Deckel stehen lassen.

Weintraubengelee mit Minze

(Foto – 5–6 Gläser zu je 200 ml)

Zutaten

1400 ml Weintraubensaft (ungesüßt)
Zitronenschale und Saft von 2 unbehandelten Zitronen
2 TL gehackte Pfefferminzblättchen
1 Pck. (500 g) Diät Gelier Fruchtzucker

Zubereitungszeit:
25 Minuten, ohne Saftgewinnung

Pro 100 g:
E: 0,5 g, F: 0,2 g, Kh: 35,4 g,
kJ: 629, kcal: 149
BE: 2,9 (1 BE = 34 g)

FÜR DIABETIKER GEEIGNET

1 Weintrauben waschen, abtropfen lassen, von den Reben zupfen, daraus Saft gewinnen und 1400 ml abmessen. Zitronen heiß waschen, trocken reiben, dünn schälen und die Schale in sehr feine Streifen schneiden (oder Früchte mit einem Fadenschneider oder Zestenreißer schälen). Zitronen dann auspressen. Pfefferminzblättchen waschen, trockentupfen und hacken.

2 Beide Säfte und Zitronenschale in einem Kochtopf mit Diät Gelier Fruchtzucker gut verrühren. Kochgut unter Rühren bei starker Hitze zum Kochen bringen, mindestens 3 Minuten unter ständigem Rühren sprudelnd kochen lassen und von der Kochstelle nehmen. Jetzt die gehackte Pfefferminze unterrühren.

3 Das Kochgut evtl. abschäumen, sofort randvoll in vorbereitete Gläser füllen, mit Twist-off-Deckeln® verschließen, umdrehen und etwa 5 Minuten auf dem Deckel stehen lassen.

Tipp: *Die Haltbarkeit des Gelees wird durch die Zugabe der Minze deutlich verkürzt. Während des Abkühlens die Gläser ab und zu umdrehen, damit sich die Pfefferminze gleichmäßig verteilt.*

Sauerkirsch-Rotwein-Gelee

(6 Gläser zu je 200 ml)

Zutaten

700 ml Sauerkirschsaft (ungesüßt)
200 ml trockener Rotwein
1 Beutel (20 g) Gelfix Classic
1125 g Zucker

Zubereitungszeit:
25 Minuten, ohne Saftgewinnung

Pro 100 g:
E: 0,3 g, F: 0,1 g, Kh: 62,5 g,
kJ: 1110, kcal: 265

MIT ALKOHOL

1 Kirschen waschen, entstielen, entsteinen, daraus Saft gewinnen und 700 ml abmessen.

2 Kirschsaft und Wein in einen Kochtopf geben. Beutelinhalt von Gelfix Classic erst mit 2 Esslöffeln der abgewogenen Zuckermenge mischen, dann mit dem Fruchtsaft verrühren.

3 Das Kochgut unter Rühren bei starker Hitze zum Kochen bringen. Sobald alles bei ständigem Rühren durch und durch sprudelnd kocht, restlichen Zucker zufügen. Alles unter Rühren wieder zum Kochen bringen, mindestens 3 Minuten unter ständigem Rühren sprudelnd kochen lassen und von der Kochstelle nehmen.

4 Das Kochgut evtl. abschäumen, sofort randvoll in vorbereitete Gläser füllen, mit Twist-off-Deckeln® verschließen, umdrehen und etwa 5 Minuten auf dem Deckel stehen lassen.

Chutneys, Relishes & Co.

Melonen-Paprika-Chutney

(etwa 6 Gläser zu je 200 ml)

Zutaten

500 g Honigmelonen-Fruchtfleisch (vorbereitet gewogen)
300 g rote Paprikaschoten (vorbereitet gewogen)
150 g Orangenfilets (vorbereitet gewogen)
100 g Rosinen
200 ml Obstessig
300 ml Orangensaft
½ Pck. (250 g) Super Gelier Zucker
1 TL Senfkörner
Salz, Pfeffer
Paprikapulver rosenscharf

Zubereitungszeit:
60 Minuten

Pro 100 g:
E: 1,0 g, F: 0,3 g, Kh: 22,6 g,
kJ: 428, kcal: 101

RAFFINIERT

1 Die Honigmelone halbieren und die Kerne mit einem Löffel herausnehmen. Melonenhälften in kleine Spalten schneiden, die Schale abschneiden, das Fruchtfleisch fein würfeln und abwiegen (500 g).

2 Paprikaschoten halbieren, entstielen, entkernen, die weißen Scheidewände entfernen, die Schoten waschen, sehr fein würfeln und abwiegen (300 g). Orangen schälen, dabei die weiße Haut mit entfernen, Fruchtfilets herausschneiden und abwiegen (150 g).

3 Die vorbereiteten Zutaten mit Rosinen, Obstessig, Orangensaft, Super Gelier Zucker und Senfkörnern in einen Kochtopf geben. Alles unter Rühren zum Kochen bringen und 5 Minuten kochen lassen, dabei ab und zu umrühren.

4 Das Chutney mit Salz, Pfeffer und Paprika abschmecken, sofort randvoll in vorbereitete Gläser füllen, mit Twist-off-Deckeln® verschließen, umdrehen und etwa 5 Minuten auf dem Deckel stehen lassen.

Paprika-Ananas-Frühlingszwiebel-Relish mit Sauerampfer

(etwa 4 Gläser zu je 200 ml)

Zutaten

150 g grüne Paprikaschote (vorbereitet gewogen)
150 g gelbe Paprikaschote (vorbereitet gewogen)
250 g Ananas-Fruchtfleisch (vorbereitet gewogen)
1 Bund Frühlingszwiebeln (etwa 140 g)
1 Bund Sauerampfer

1 Paprikaschoten halbieren, entstielen, entkernen, die weißen Scheidewände entfernen, die Schoten waschen, sehr fein würfeln und abwiegen (je 150 g). Von der Ananas den Strunk abschneiden, die Frucht vierteln und die holzige Mitte längs herausschneiden. Ananas schälen, das Fruchtfleisch fein schneiden und abwiegen (250 g).

2 Frühlingszwiebeln putzen, waschen, abtropfen lassen und in feine Ringe schneiden. Sauerampfer waschen, abtropfen lassen und in feine Streifen schneiden.

(Fortsetzung Seite 78)

(Fortsetzung von Seite 76)

175 ml Obstessig
150 ml Ananassaft
½ Pck. (250 g) Extra Gelier Zucker
1 TL Senfkörner
Salz
Currypulver
frisch gemahlener Pfeffer

Zubereitungszeit:
60 Minuten

Pro 100 g:
E: 0,7 g, F: 0,3 g, Kh: 26 g,
kJ: 486, kcal: 115

RAFFINIERT

3 Die vorbereiteten Zutaten mit Obstessig, Ananassaft, Extra Gelier Zucker und Senfkörnern in einen Kochtopf geben. Alles unter Rühren zum Kochen bringen, 5 Minuten kochen lassen, dabei ab und zu umrühren.

4 Das Relish mit Salz, Curry und Pfeffer abschmecken, sofort randvoll in vorbereitete Gläser füllen, mit Twist-off-Deckeln® verschließen, umdrehen und etwa 5 Minuten auf dem Deckel stehen lassen.

Tipp: *Anstelle des Sauerampfers kann auch Petersilie verwendet werden.*

Relish provençale

(etwa 4 Gläser zu je 200 ml)

Zutaten

je 100 g rote, grüne und gelbe Paprikaschoten (vorbereitet gewogen)
300 g Tomaten (vorbereitet gewogen)
200 g Auberginen (vorbereitet gewogen)
200 g Zucchini (vorbereitet gewogen)
3 Knoblauchzehen
1 EL Tomatenmark
250 ml (¼ l) Weißwein
50 ml Weißweinessig
½ Pck. (250 g) Extra Gelier Zucker
Salz
Cayennepfeffer
gerebelter Thymian

Zubereitungszeit:
60 Minuten

Pro 100 g:
E: 0,9 g, F: 0,2 g, Kh: 18,4 g,
kJ: 391, kcal: 92

KLASSISCH

1 Rote, grüne und gelbe Paprikaschoten halbieren, entstielen, entkernen, die weißen Scheidewände entfernen, die Schoten waschen, abtropfen lassen, fein würfeln und abwiegen (je 100 g). Tomaten waschen, abtropfen lassen, kreuzweise einschneiden und kurz in kochendes Wasser legen. Tomaten enthäuten, die Stängelansätze herausschneiden, Tomaten würfeln und abwiegen (300 g).

2 Auberginen waschen, abtropfen lassen, in feine Würfel schneiden und abwiegen (200 g). Zucchini waschen, abtropfen lassen, die Enden abschneiden, fein würfeln und abwiegen (200 g). Knoblauchzehen abziehen und durch eine Presse drücken.

3 Die vorbereiteten Zutaten mit Tomatenmark, Weißwein, Weißweinessig und Extra Gelier Zucker in einen Kochtopf geben. Alles unter Rühren zum Kochen bringen und 5 Minuten kochen lassen, dabei ab und zu umrühren.

4 Das Relish mit Salz, Cayennepfeffer und Thymian abschmecken, sofort randvoll in vorbereitete Gläser füllen, mit Twist-off-Deckeln® verschließen, umdrehen und etwa 5 Minuten auf dem Deckel stehen lassen.

Pfirsich-Feigen-Chutney

(etwa 4 Gläser zu je 200 ml)

Zutaten

500 g Pfirsiche (vorbereitet gewogen)
200 g Feigen (vorbereitet gewogen)
100 ml Weißweinessig
150 ml Pfirsichnektar
½ Pck. (250 g) Extra Gelier Zucker
2 TL Chilipulver
Salz, weißer Pfeffer

Zubereitungszeit:
60 Minuten

Pro 100 g:
E: 0,7 g, F: 0,1 g, Kh: 28,9 g,
kJ: 518, kcal: 123

RAFFINIERT

1 Pfirsiche waschen, abtropfen lassen, halbieren, entsteinen, fein schneiden und abwiegen (500 g). Feigen waschen, abtropfen lassen, halbieren, fein würfeln und abwiegen (200 g).

2 Die vorbereiteten Zutaten mit Weißweinessig, Pfirsichnektar und Extra Gelier Zucker in einen Kochtopf geben. Alles unter Rühren zum Kochen bringen und 5 Minuten kochen lassen, dabei ab und zu umrühren.

3 Das Chutney mit Chilipulver, Salz und Pfeffer abschmecken, sofort randvoll in vorbereitete Gläser füllen, mit Twist-off-Deckeln® verschließen, umdrehen und etwa 5 Minuten auf dem Deckel stehen lassen.

Aprikosen-Tomaten-Chutney

(etwa 4 Gläser zu je 200 ml)

Zutaten

250 g Aprikosen (vorbereitet gewogen)
250 g Strauchtomaten (vorbereitet gewogen)
200 g Möhren (vorbereitet gewogen)
100 ml Weißweinessig
200 ml Aprikosennektar
½ Pck. (250 g) Extra Gelier Zucker
Salz
frisch gemahlener, weißer Pfeffer
2 TL Currypulver
etwas Chilipulver

Zubereitungszeit:
60 Minuten

Pro 100 g:
E: 0,7 g, F: 0,1 g, Kh: 26,1 g,
kJ: 470, kcal: 111

ZUM VERSCHENKEN

1 Aprikosen waschen, abtropfen lassen, halbieren, entsteinen, fein schneiden und abwiegen (250 g). Tomaten waschen, abtropfen lassen, kreuzweise einschneiden und kurz in kochendes Wasser legen. Tomaten enthäuten, Stängelansätze entfernen, Tomaten würfeln und abwiegen (250 g). Möhren waschen, schälen, raspeln und abwiegen (200 g).

2 Die vorbereiteten Zutaten mit Weißweinessig, Aprikosennektar und Extra Gelier Zucker in einen Kochtopf geben. Alles unter Rühren zum Kochen bringen, etwa 5 Minuten kochen lassen, dabei ab und zu umrühren.

3 Das Chutney mit Salz, Pfeffer, Curry- und Chilipulver abschmecken, sofort randvoll in vorbereitete Gläser füllen. mit Twist-off-Deckeln® verschließen, umdrehen und etwa 5 Minuten auf dem Deckel stehen lassen.

Tipp: *Anstelle von Aprikosennektar kann auch Pfirsichnektar verwendet werden.*

(Fortsetzung von Seite 82)

4 Das Kochgut evtl. abschäumen, sofort randvoll in gründlich gereinigte und gespülte Gläser füllen, mit Twist-off-Deckeln® verschließen, umdrehen und etwa 5 Minuten auf dem Deckel stehen lassen.

Tipp: *Die Haltbarkeit des Gelees wird durch die Zugabe des Basilikums verkürzt.*
Die Gläser während des Erkaltens öfter umdrehen, damit sich das Basilikum besser verteilt.

Abwandlung: *Schneller geht es, wenn Sie das Tomatengelee mit im Handel erhältlichem anstelle des selbst gemachten Tomatensaftes zubereiten. Dann nur 1 gestrichenen Teelöffel Salz verwenden und Lorbeerblätter, Pfefferkörner und Rotweinessig weglassen.*

Tomaten-Paprika-Mix

(etwa 4 Gläser zu je 200 ml)

Zutaten

250 g Flaschentomaten (vorbereitet gewogen)
250 g grüne Paprikaschoten (vorbereitet gewogen)
200 g Nektarinen (vorbereitet gewogen)
150 ml Weißweinessig
150 ml Pfirsichnektar
½ Pck. (250 g) Extra Gelier Zucker
Salz
frisch gemahlener Pfeffer
Paprikapulver rosenscharf
etwas gerebelter Oregano
etwas gerebeltes Basilikum

Zubereitungszeit:
60 Minuten

Pro 100 g:
E: 0,7 g, F: 0,1 g, Kh: 25,7 g, kJ: 466, kcal: 110

FÜR GÄSTE

1 Tomaten waschen, abtropfen lassen, kreuzweise einschneiden und kurze Zeit in kochendes Wasser legen. Tomaten enthäuten, Stängelansätze entfernen, Fruchtfleisch würfeln und abwiegen (250 g).

2 Paprikaschoten halbieren, entstielen, entkernen, die weißen Scheidewände entfernen. Die Schoten waschen, abtropfen lassen, fein würfeln und abwiegen (250 g). Nektarinen waschen, abtropfen lassen, halbieren, entsteinen, fein schneiden und abwiegen (200 g).

3 Die vorbereiteten Zutaten mit Weißweinessig, Pfirsichnektar und Extra Gelier Zucker in einen Kochtopf geben. Alles unter Rühren zum Kochen bringen, 5 Minuten kochen lassen, dabei ab und zu umrühren.

4 Das Kochgut mit Salz, Pfeffer, Paprika, Oregano und Basilikum abschmecken, sofort randvoll in vorbereitete Gläser füllen, mit Twist-off-Deckeln® verschließen, umdrehen und etwa 5 Minuten auf dem Deckel stehen lassen.

Scharfes Aprikosen-Chutney

(Foto – 4–5 Gläser zu je 200 ml)

Zutaten

- 500 g Aprikosen
- 200 g Zwiebeln
- (beides vorbereitet gewogen)
- 1 kleine, frische Peperoni
- 1 Knoblauchzehe
- 2 EL gehackte Minzeblättchen
- 75 g Rosinen
- 175 ml Weißweinessig
- 150 ml Aprikosennektar
- ½ Pck. (250 g) Extra Gelier Zucker
- Salz, 1 TL Senfkörner
- 1 TL geschrotete Pfefferkörner
- 1 TL mildes Currypulver

Zubereitungszeit:
60 Minuten

Pro 100 g:
E: 0,9 g, F: 0,2 g, Kh: 25,8 g,
kJ: 479, kcal: 113

ZUM VERSCHENKEN

1 Aprikosen waschen, abtropfen lassen, halbieren, entsteinen, sehr fein schneiden und abwiegen (500 g). Zwiebeln abziehen, halbieren, fein würfeln und abwiegen (200 g). Peperoni halbieren, entstielen, entkernen, die weißen Scheidewände entfernen, waschen, abtropfen lassen und sehr fein würfeln.

2 Knoblauchzehe abziehen und durch die Knoblauchpresse geben. Minzeblättchen von den Stängeln zupfen, trocken tupfen, hacken und 2 Esslöffel abmessen.

3 Die vorbereiteten Zutaten mit Rosinen, Weißweinessig, Aprikosennektar und Extra Gelier Zucker in einen Kochtopf geben, unter Rühren zum Kochen bringen und 5 Minuten kochen lassen, dabei ab und zu umrühren.

4 Das Chutney mit Salz, Senfkörnern, Pfeffer und Curry abschmecken, sofort randvoll in vorbereitete Gläser füllen, mit Twist-off-Deckeln® verschließen, umdrehen und etwa 5 Minuten auf dem Deckel stehen lassen.

Tipp: *Anstelle von Aprikosennektar können Sie auch Pfirsichnektar verwenden.*

Ananas-Chutney

(etwa 5 Gläser zu je 200 ml)

Zutaten

- 500 g Ananas
- 150 g Zwiebeln
- (beides vorbereitet gewogen)
- 40 g eingelegte Ingwerwurzel
- 200 g Rosinen
- 125 ml (⅛ l) Weinessig
- 200 ml Ananassaft
- ½ Pck. (250 g) Extra Gelier Zucker
- 2 gestr. TL Currypulver
- Salz, Cayennepfeffer
- Paprikapulver rosenscharf

Zubereitungszeit:
60 Minuten

Pro 100 g:
E: 0,8 g, F: 0,3 g, Kh: 34,6 g,
kJ: 631, kcal: 150

EXOTISCH

1 Von der Ananas den Strunk abschneiden, die Frucht vierteln und die holzige Mitte längs herausschneiden. Ananas schälen, das Fruchtfleisch fein würfeln und abwiegen (500 g). Zwiebeln abziehen, halbieren, fein würfeln und abwiegen (150 g). Ingwer in feine Würfel schneiden und abwiegen (40 g).

2 Die vorbereiteten Zutaten mit Rosinen, Weinessig, Ananssaft, Extra Gelier Zucker und Curry in einen Kochtopf geben. Alles unter Rühren zum Kochen bringen und 5 Minuten kochen lassen, dabei ab und zu umrühren.

3 Das Chutney mit Salz, Cayennepfeffer und Paprika abschmecken und sofort randvoll in vorbereitete Gläser füllen, mit Twist-off-Deckeln® verschließen, umdrehen und etwa 5 Minuten auf dem Deckel stehen lassen.

APRIKOSEN-
CHUTNEY

Chutney Bombay

(etwa 4 Gläser zu je 200 ml)

Zutaten

- 250 g Flaschentomaten
- 200 g Bananen
- 150 g rote Paprikaschote
- 200 g Zwiebeln
- (alles vorbereitet gewogen)
- 125 ml (⅛ l) Weinessig
- 150 ml Apfelsaft
- ½ Pck. (250 g) Extra Gelier Zucker
- 1 TL eingelegter, grüner Pfeffer
- Salz, gerebelter Oregano

Zubereitungszeit:
60 Minuten

Pro 100 g:
E: 0,8 g, F: 0,2 g, Kh: 25,8 g,
kJ: 471, kcal: 111

RAFFINIERT

1 Tomaten waschen und abtropfen lassen, kreuzweise einschneiden und kurz in kochendes Wasser legen. Tomaten enthäuten, Stängelansätze herausschneiden, Fruchtfleisch würfeln und abwiegen (250 g). Bananen, schälen, der Länge nach halbieren, in feine Scheiben schneiden und abwiegen (200 g).

2 Paprikaschote halbieren, entstielen, entkernen, die weißen Scheidewände entfernen, die Schote waschen, abtropfen lassen, fein würfeln und abwiegen (150 g). Zwiebeln abziehen, halbieren, fein würfeln und abwiegen (200 g).

3 Die vorbereiteten Zutaten mit Weinessig, Apfelsaft, Extra Gelier Zucker und Pfeffer in einen Kochtopf geben, unter Rühren zum Kochen bringen und 5 Minuten kochen lassen, dabei ab und zu umrühren.

4 Das Chutney mit Salz und Oregano abschmecken, sofort randvoll in vorbereitete Gläser füllen, mit Twist-off-Deckeln® verschließen, umdrehen und etwa 5 Minuten auf dem Deckel stehen lassen.

Virgina Relish

(etwa 4 Gläser zu je 200 ml)

Zutaten

- 200 g Sauerkirschen
- 200 g Fenchelknolle
- 200 g Äpfel
- (alles vorbereitet gewogen)
- 1 Dose Gemüsemais
- (Abtropfgewicht 140 g)
- 125 ml (⅛ l) Rot- oder Weißweinessig
- 200 ml Apfelsaft
- ½ Pck. (250 g) Extra Gelier Zucker
- Salz, Cayennepfeffer

Zubereitungszeit:
60 Minuten

Pro 100 g:
E: 1,0 g, F: 0,4 g, Kh: 27 g,
kJ: 498, kcal: 118

ZUM VERSCHENKEN

1 Kirschen waschen, abtropfen lassen, entstielen, entsteinen, halbieren und abwiegen (200 g). Fenchel putzen, waschen, abtropfen lassen, fein würfeln und abwiegen (200 g). Äpfel waschen, schälen, vierteln, entkernen, fein schneiden, abwiegen (200 g). Mais auf ein Sieb geben, kalt abspülen und abtropfen lassen.

2 Die vorbereiteten Zutaten mit Essig, Apfelsaft und Extra Gelier Zucker in einen Kochtopf geben. Alles unter Rühren zum Kochen bringen und 5 Minuten kochen lassen, dabei ab und zu umrühren.

3 Das Relish mit Salz und Pfeffer abschmecken, sofort randvoll in vorbereitete Gläser füllen, mit Twist-off-Deckeln® verschließen, umdrehen und etwa 5 Minuten auf dem Deckel stehen lassen.

Scharfer Tomatenketchup

(7–8 Gläser zu je 200 ml)

1 Tomaten waschen, abtropfen lassen, Stängelansätze herausschneiden und Tomaten in grobe Stücke schneiden. Zwiebeln abziehen und in Stücke schneiden.

2 Die vorbereiteten Zutaten mit Salz, Paprika, Cayennepfeffer, schwarzem Pfeffer, Oregano, Kerbel, Gewürznelken, Lorbeerblättern und beiden Essigsorten zusammen in einen großen Kochtopf geben. Alles zum Kochen bringen und etwa 45 Minuten im offenen Topf kochen lassen, dabei ab und zu umrühren.

3 Danach die Tomatenmasse durch ein Sieb in einen zweiten Kochtopf passieren und nochmals 10 Minuten unter gelegentlichem Durchrühren kochen lassen. Jetzt Super oder Extra Gelier Zucker zufügen und weitere 5 Minuten sprudelnd kochen lassen.

4 Den Ketchup abschmecken, sofort randvoll in vorbereitete Gläser oder Flaschen füllen, mit Twist-off-Deckeln® verschließen, umdrehen und etwa 5 Minuten auf dem Deckel stehen lassen.

Zutaten

2,5 kg Flaschen- oder Fleischtomaten
500 g Zwiebeln
40 g Salz
1 gestr. EL Paprikapulver edelsüß
je 1 gestr. TL Cayennepfeffer, schwarzer Pfeffer, gerebelter Oregano und Kerbel
8 Gewürznelken
4 Lorbeerblätter
125 ml (⅛ l) Rotweinessig
125 ml (⅛ l) Obstessig
½ Pck. (250 g) Super oder Extra Gelier Zucker

Zubereitungszeit:
90 Minuten

Pro 100 g:
E: 1,1 g, F: 0,2 g, Kh: 10,9 g, kJ: 221, kcal: 52

DAUERT LÄNGER

Chutney Delhi

(etwa 4 Gläser zu je 200 ml)

1 Staudensellerie putzen, waschen, abtropfen lassen, die harten Außenfäden abziehen, die Stangen fein würfeln und abwiegen (350 g). Tomaten kreuzweise einschneiden, kurz in kochendes Wasser legen, enthäuten, Stängelansätze herrausschneiden. Tomaten würfeln und abwiegen (100 g). Frühlingszwiebeln putzen, waschen, abtropfen lassen, längs halbieren und in feine Ringe schneiden.

2 Die vorbereiteten Zutaten mit Weinessig, Orangensaft, Extra Gelier Zucker und Senfkörnern in einen Kochtopf geben. Alles unter Rühren zum Kochen bringen, 5 Minuten kochen lassen, dabei ab und zu umrühren.

3 Das Chutney mit Salz, Curry und Paprika abschmecken, sofort randvoll in vorbereitete Gläser füllen, mit Twist-off-Deckeln® verschließen, umdrehen und etwa 5 Minuten auf dem Deckel stehen lassen.

Zutaten

350 g Staudensellerie
100 g Tomaten (beides vorbereitet gewogen)
1 Bund Frühlingszwiebeln (etwa 140 g)
125 ml (⅛ l) Weinessig
150 ml Orangensaft (ungesüßt)
½ Pck. (250 g) Extra Gelier Zucker
1 TL Senfkörner
Salz, Currypulver
Paprikapulver rosenscharf

Zubereitungszeit:
60 Minuten

Pro 100 g:
E: 0,9 g, F: 0,3 g, Kh: 26,5 g, kJ: 490, kcal: 116

RAFFINIERT

California Relish

(etwa 6 Gläser zu je 200 ml)

Zutaten

400 g Aubergine (vorbereitet gewogen)
400 g rote Paprikaschoten (vorbereitet gewogen)
200 g Porree (Lauch, vorbereitet gewogen)
200 ml Kräuteressig
250 ml (¼ l) trockener Weißwein
½ Pck. (250 g) Super Gelier Zucker
1 TL Senfkörner
Salz, Pfeffer
Paprikapulver rosenscharf
etwas gerebeltes Basilikum

Zubereitungszeit:
60 Minuten

Pro 100 g:
E: 1,0 g, F: 0,2 g, Kh: 16,9 g,
kJ: 371, kcal: 88

MIT ALKOHOL

1 Aubergine waschen, abtropfen lassen, die Enden abschneiden, die Aubergine fein würfeln und abwiegen (400 g). Paprikaschoten halbieren, entstielen, entkernen, die weißen Scheidewände entfernen, die Schoten waschen, abtropfen lassen, fein würfeln und abwiegen (400 g). Porree putzen, waschen, abtropfen lassen, längs vierteln, fein schneiden und abwiegen (200 g).

2 Die vorbereiteten Zutaten mit Krätueressig, Weißwein, Super Gelier Zucker und Senfkörnern in einen Kochtopf geben. Alles unter Rühren zum Kochen bringen und 5 Minuten kochen lassen, dabei ab und zu umrühren.

3 Das Relish mit Salz, Pfeffer, Paprika und Basilikum abschmecken, sofort randvoll in vorbereitete Gläser füllen, mit Twist-off-Deckeln® verschließen, umdrehen und etwa 5 Minuten auf dem Deckel stehen lassen.

Pflaumen-Chutney

(etwa 4 Gläser zu je 200 ml)

Zutaten

900 g Pflaumen (vorbereitet gewogen)
50 g Walnusskerne
100 g Korinten
175 ml Balsamicoessig
150 ml Rotwein
½ Pck. (250 g) Extra Gelier Zucker
gemahlener Zimt nach Geschmack

Zubereitungszeit:
60 Minuten

Pro 100 g:
E: 1,0 g, F: 2,2 g, Kh: 26,7 g,
kJ: 591, kcal: 140

RAFFINIERT

1 Pflaumen waschen, abtropfen lassen, entstielen, halbieren, entsteinen, vierteln und abwiegen (900 g). Walnusskerne hacken.

2 Die vorbereiteten Zutaten mit Korinthen, Balsamicoessig, Rotwein und Extra Gelier Zucker in einen Kochtopf geben, unter Rühren zum Kochen bringen und 5 Minuten kochen lassen, dabei ab und zu umrühren.

3 Das Chutney mit Zimt abschmecken, sofort randvoll in gründlich gereinigte und gespülte Gläser füllen, mit Twist-off-Deckeln® verschließen, umdrehen und etwa 5 Minuten auf dem Deckel stehen lassen.

Sellerie-Tomaten-Paprika-Relish

(Foto – 3–4 Gläser zu je 200 ml)

Zutaten

350 g Knollensellerie
200 g Tomaten
150 g rote Paprikaschoten
(alles vorbereitet gewogen)
100 ml Obstessig
150 ml Weißwein
½ Pck. (250 g) Extra Gelier Zucker
Salz
geschroteter Pfeffer
evtl. ½ TL gemahlener Zimt

Zubereitungszeit:
60 Minuten

Pro 100 g:
E: 0,9 g, F: 0,2 g, Kh: 23 g,
kJ: 462, kcal: 109

MIT ALKOHOL

1 Knollensellerie, waschen, schälen, sehr fein würfeln und abwiegen (350 g). Tomaten waschen, abtropfen lassen, kreuzweise einschneiden und kurz in kochendes Wasser legen. Tomaten enthäuten, Stängelansätze herausschneiden, Fruchtfleisch würfeln und abwiegen (200 g). Paprika halbieren, entstielen, entkernen, die weißen Scheidewände entfernen, Schoten waschen, abtropfen lassen, sehr fein würfeln und abwiegen (150 g).

2 Die vorbereiteten Zutaten mit Obstessig, Weißwein und Extra Gelier Zucker in einen Kochtopf geben, unter Rühren zum Kochen bringen und etwa 15 Minuten im geschlossenen Topf kochen lassen, dabei ab und zu umrühren.

3 Das Relish mit Salz, Pfeffer und nach Belieben Zimt abschmecken und sofort randvoll in vorbereitete Gläser füllen, mit Twist-off-Deckeln® verschließen, umdrehen und etwa 5 Minuten auf dem Deckel stehen lassen.

Relish Memphis

(etwa 6 Gläser zu je 200 ml)

Zutaten

400 g Möhren
400 g Kohlrabi
1 Bund Frühlingszwiebeln
(etwa 140 g)
100 g Orangenfilets
(alles vorbereitet gewogen)
200 ml Sherryessig
350 ml Orangensaft
½ Pck. (250 g) Super Gelier Zucker
1 TL Senfkörner
1 Msp. gemahlene Nelken
Salz, Pfeffer
Paprikapulver edelsüß

Zubereitungszeit:
60 Minuten

Pro 100 g:
E: 1,1 g, F: 0,2 g, Kh: 18,2 g,
kJ: 363, kcal: 86

FÜR GÄSTE

1 Möhren und Kohlrabi waschen, abtropfen lassen, schälen, sehr fein würfeln und abwiegen (je 400 g). Frühlingszwiebeln putzen, waschen, abtropfen lassen, längs halbieren und in feine Ringe schneiden. Orangen schälen, dabei die weiße Haut mit entfernen, Fruchtfilets herausschneiden und abwiegen (100 g).

2 Die vorbereiteten Zutaten mit Sherryessig, Orangensaft, Super Gelier Zucker, Senfkörnern und Nelken in einen Kochtopf geben, unter Rühren zum Kochen bringen und 10 Minuten kochen lassen, dabei ab und zu umrühren.

3 Das Relish mit Salz, Pfeffer und Paprika abschmecken und etwa ¼ davon pürieren. Unter Rühren alles zusammen nochmals aufkochen lassen. Das Relish sofort randvoll in vorbereitete Gläser füllen, mit Twist-off-Deckeln® verschließen, umdrehen und etwa 5 Minuten auf dem Deckel stehen lassen.

Tipp: *Möhren und Kohlrabi können auch mit der Küchenmaschine fein geraspelt werden.*

Herzhaft & süß Eingelegtes

Marinierte Gemüse provençale

(etwa 7 Gläser zu je 370 ml)

Zutaten

3 rote Paprikaschoten
(etwa 500 g)
3 gelbe Paprikaschoten
(etwa 500 g)
500 g Zucchini
500 g Auberginen
500 g kleine Tomaten

Für den Sud:
500 ml (½ l) Weißwein
500 ml (½ l) Weißweinessig
500 ml (½ l) Wasser
½ Zitrone (unbehandelt),
in Scheiben
1 EL Senfkörner
je 15 Piment- und schwarze
Pfefferkörner
3 schwach geh. TL Salz
300 g Zucker
5 Knoblauchzehen
½ Bund Thymian
2–3 Zweige Rosmarin nach
Belieben
1 Pck. Einmachhilfe

Zubereitungszeit:
60 Minuten

Pro 100 g (Abtropfgewicht):
E: 1 g, F: 0,2 g, Kh: 4,5 g,
kJ: 114, kcal: 27

ZUM VERSCHENKEN

1 Paprikaschoten halbieren, entstielen, entkernen, die weißen Scheidewände entfernen, Schoten waschen, abtropfen lassen und in breite Streifen schneiden. Zucchini waschen, die Enden abschneiden und in Stücke der Paprikaschotengröße schneiden oder die Zucchini in Scheiben schneiden.

2 Auberginen waschen, die Enden abschneiden, und wie die Zucchini schneiden. Tomaten waschen, abtropfen lassen, kreuzweise einschneiden und kurze Zeit in kochendes Wasser legen. Tomaten enthäuten, Stängelansätze herausschneiden und Tomaten halbieren.

3 Für den Sud Weißwein, Essig, Wasser, Zitronenscheiben, Senf-, Piment- und Pfefferkörner, Salz und Zucker in einem Topf zum Kochen bringen und zugedeckt 10 Minuten kochen lassen. Dann Paprika zugeben und 7 Minuten kochen lassen. Dann Zucchini und Auberginen zugeben und 2 Minuten kochen lassen. Zum Schluss Tomaten zugeben und mit erhitzen.

4 Knoblauch abziehen und in Scheiben schneiden. Thymian und Rosmarin waschen, die Blättchen und Nadeln von den Stängeln zupfen. Das Gemüse mit einer Schaumkelle aus dem Sud nehmen und mit Knoblauch, Thymian und Rosmarin in vorbereitete Gläser füllen.

5 Den Sud nochmals etwa 10 Minuten offen kochen lassen, dann von der Kochstelle nehmen und Einmachhilfe unterrühren. Den Sud durchsieben und sofort randvoll in die Gläser auf das Gemüse geben, die Gläser mit Twist-off-Deckeln® verschließen und etwa 5 Minuten auf dem Deckel stehen lassen.

Tipp: *Kühl und dunkel (Keller) aufbewahrt hält sich das marinierte Gemüse etwa 6 Monate. Das marinierte Gemüse mit Fladenbrot und Crème fraîche mit frischen Kräutern als Vorspeise oder kleine Mahlzeit servieren.*

Kürbis, süß-sauer

(etwa 7 Gläser zu je 500 ml)

Zutaten

etwa 4 kg Kürbis
Weinessig und Wasser
(auf je 1 kg Kürbis, vorbereitet gewogen, 125 ml (⅛ l) Weinessig und 125 ml (⅛ l) Wasser)

Für die Essig-Zucker-Lösung:
650 g Zucker
500 ml (½ l) Weinessig
500 ml (½ l) Wasser
4 Gewürznelken
20 g schwarze Pfefferkörner
4 Lorbeerblätter
2 abgezogene, grob gehackte Knoblauchzehen
4 getrocknete, rote Chilischoten
1 Pck. Einmach-Hilfe

Zubereitungszeit:
120 Minuten, ohne Durchziehzeit

Pro 100 g (Abtropfgewicht):
E: 1 g, F: 0,2 g, Kh: 9,3 g,
kJ: 183, kcal: 43

DAUERT LÄNGER

1 Den Kürbis vierteln, die Kerne herausschaben, Kürbis schälen, das Fruchtfleisch mit einem Buntschneidemesser in kleine Würfel schneiden und in eine Schüssel geben.

2 Weinessig und Wasser mischen, über den Kürbis gießen, mit einem Tuch zugedeckt über Nacht an einem kühlen Ort stehen lassen. Kürbis mit einem Schaumlöffel herausnehmen und gut abtropfen lassen.

3 Für die Essig-Zucker-Lösung Zucker mit Weinessig, Wasser, Gewürznelken, Pfefferkörnern, Lorbeerblättern, Knoblauchzehen und Chilischoten zum Kochen bringen. Kürbis portionsweise darin in etwa 5 Minuten glasig kochen (nicht zu weich werden lassen), in vorbereitete Gläser füllen.

4 Den Sud nochmals aufkochen lassen, dann von der Kochstelle nehmen und die Einmach-Hilfe unterrühren. Den Sud durchsieben und sofort randvoll in die Gläser auf den Kürbis geben, die Gläser mit Twist-off-Deckeln® verschießen und etwa 5 Minuten auf dem Deckel stehen lassen.

Tipp: *Der Kürbis ist etwa 6 Monate haltbar.*

Abwandlung: *Für **Kürbis auf orientalische Art** den Kürbis wie oben angegeben vorbereiten, in der Essig-Wasser-Lösung über Nacht durchziehen und dann abtropfen lassen. Für die Essig-Zucker-Lösung 650 g Zucker mit 500 ml (½ l) Weinessig, 500 ml (½ l) Wasser, 2 Zimtstangen, 4 Gewürznelken, 4–5 grüne Kardamomkapseln, 1 Teelöffel Korianderkörnern, 1–2 Stück Sternanis und der abgeschnittenen Schale von 1 unbehandelten Orange zu Kochen bringen und wie oben angegeben weiter verfahren.*

Marinierter Schafskäse

(Foto – 3–4 Gläser zu je 370 ml)

Zutaten

500 g Schafskäse

Für die Marinade:
500 g rote Zwiebeln
3 Knoblauchzehen
100 g schwarze, entsteinte Oliven
60 g grüne spanische Oliven, mit Paprika gefüllt
2 ½ EL Kräuter der Provençe oder frische Kräuter
600 ml Olivenöl
300 ml Rotweinessig
Pfefferkörner

Zubereitungszeit:
30 Minuten, ohne Durchziehzeit

Pro 100 g (Abtropfgewicht):
E: 9,9 g, F: 25,8 g, Kh: 3,3 g,
kJ: 1174, kcal: 280

BELIEBT

1 Den Schafskäse in 2–3 cm große Würfel schneiden.

2 Für die Marinade Zwiebeln und Knoblauchzehen abziehen und in Scheiben schneiden. Beide Olivensorten mit Zwiebeln, Knoblauch und Kräutern vermengen.

3 Olivenöl mit Rotweinessig und Pfefferkörnern verrühren und über die Oliven geben.

4 Die Marinade mit den Schafskäsewürfeln randvoll in vorbereitete Gläser geben. Die Gläser verschließen und den Schafskäse 10–14 Tage durchziehen lassen.

Tipp: *Kühl und gut verschlossen aufbewahrt ist der marinierte Schafskäse etwa 2 Monate haltbar.*
Den Schafskäse mit Fladenbrot und Rotwein servieren.

Würzige Champignons in Öl

(etwa 3 Gläser zu je 370 ml)

Zutaten

1 kg kleine, feste Champignons
2 Knoblauchzehen
300 ml Kräuteressig
200 ml Wasser
1 ½ EL Zucker
3 TL Salz
2 TL gerebelter Oregano
3 Lorbeerblätter
3 TL weiße Pfefferkörner
3 Gewürznelken
etwa 400 ml Olivenöl

Zubereitungszeit:
30 Minuten

Pro 100 g (Abtropfgewicht):
E: 2 g, F: 7,1 g, Kh: 1,7 g,
kJ: 336, kcal: 80

FÜR GÄSTE

1 Champignons putzen, mit Küchenpapier abreiben, evtl. kalt abspülen und gut abtropfen lassen. Knoblauch abziehen und in Scheiben schneiden.

2 Kräuteressig, Wasser, Zucker, Salz, Oregano und Knoblauch zum Kochen bringen, die Champignons hineingeben, wieder zum Kochen bringen und 8–10 Minuten kochen lassen.

3 Die Champignons gut abtropfen lassen und mit Lorbeerblättern, Pfefferkörnern und Gewürznelken in vorbereitete Gläser schichten.

4 Olivenöl randvoll darüber gießen und die Gläser mit Twist-off-Deckeln® verschließen.

Tipp: *Die Champignons in Öl sind etwa 6 Monate haltbar.*

Ungarischer Gemüsesalat

(etwa 7 Gläser zu je 720 ml)

Zutaten

1 kg grüne Paprikaschoten
1 kg Tomaten
1 kleiner Kopf Weißkohl (etwa 750 g)
1 große Zwiebel
1 Peperoni

Für die Essig-Zucker-Lösung:
1 l Kräuter- oder Weißweinessig
1,5 l Wasser
150 g Zucker
4 TL Salz
3 EL schwarze Pfefferkörner
1 Pck. Einmach-Hilfe

Zubereitungszeit:
100 Minuten, ohne Durchziehzeit

Pro 100 g (Abtropfgewicht):
E: 0,9 g, F: 0,2 g, Kh: 3,3 g,
kJ: 82, kcal: 20

ZUM VERSCHENKEN

1 Paprikaschoten halbieren, entstielen, entkernen, die weißen Scheidewände entfernen, die Schoten waschen, abtropfen lassen und in dünne Streifen schneiden. Tomaten waschen, abtropfen lassen, die Stängelansätze herausschneiden und Tomaten vierteln.

2 Vom Weißkohl die äußeren Blätter entfernen, den Kohl achteln, den Strunk herausschneiden, den Kohl waschen, abtropfen lassen und in feine Streifen schneiden oder hobeln.

3 Zwiebel abziehen, evtl. halbieren, in dünne Scheiben schneiden und in Ringe teilen. Peperoni entstielen, entkernen, waschen und in dünne Ringe schneiden. Die vorbereiteten Zutaten vermengen und in vorbereitete Gläser füllen.

4 Für die Essig-Zucker-Lösung Essig mit Wasser, Zucker, Salz,und Pfefferkörnern zum Kochen bringen und unter Rühren kochen lassen, bis der Zucker gelöst ist. Die Lösung kochend heiß über das Gemüse gießen und die Gläser mit Twist-off-Deckeln® verschließen.

5 Nach 12–24 Stunden die Essig-Zucker-Lösung abgießen, zum Kochen bringen, von der Kochstelle nehmen, die Einmach-Hilfe unterrühren und die heiße Flüssigkeit randvoll über das Gemüse gießen. Die Gläser sofort verschließen und 5 Minuten auf dem Deckel stehen lassen.

Tipp: *Kühl und dunkel aufbewahrt hält sich der Gemüsesalat etwa 6 Monate. Nach Belieben zusätzlich 3–4 abgezogene, in Scheiben geschnittene Knoblauchzehen mit den übrigen Zutaten vermengen.*

Marinierte Auberginen

(etwa 7 Gläser zu je 370 ml)

Zutaten

2 kg Auberginen
Salz
etwa 200 ml Olivenöl
8 Knoblauchzehen
einige getrocknete, rote Chilischoten oder Cayennepfefferkörner
200 ml Zitronensaft (von 4–5 Zitronen)
Kreuzkümmelsamen (Cumin)
etwa 700 ml Olivenöl

Zubereitungszeit:
90 Minuten

Pro 100 g:
E: 0,8 g, F: 17,3 g, Kh: 2,7 g, kJ: 735, kcal: 176

DAUERT LÄNGER

1 Auberginen waschen, die Enden abschneiden und Auberginen in gut 1 cm dicke Scheiben schneiden. Die Scheiben mit Salz bestreuen, aufeinander in eine Schüssel legen und etwa 30 Minuten ziehen lassen.

2 Die Auberginenscheiben mit Küchenpapier trockentupfen. Olivenöl portionsweise in einer beschichteten Pfanne erhitzen, die Scheiben darin portionsweise anbraten und nebeneinander auf Backbleche legen.

3 Knoblauch abziehen, durch die Presse geben und die Auberginenscheiben damit bestreichen. Chilischoten oder Cayennepfeffer in einem Mörser grob zerstoßen und die Scheiben damit bestreuen. Die Hälfte des Zitronensaftes darüber verteilen und mit Kreuzkümmel bestreuen.

4 Die Auberginenscheiben in vorbereitete Gläser schichten, den restlichen Zitronensaft und die Flüssigkeit, die sich auf den Backblechen gesammelt hat, auf die Gläser verteilen. Die Gläser randvoll mit Olivenöl auffüllen und mit Twist-off-Deckeln® verschließen.

Tipp: *Die marinierten Auberginenscheiben sind etwa 3 Monate haltbar. Zum Servieren die Auberginenscheiben abgetropft auf einer Platte anrichten und mit in Streifen geschnittenen Basilikumblättern und gewürfelten Tomaten bestreuen.*

Kräuter-Knoblauch-Oliven

(etwa 2 Gläser zu je 370 ml + 1 Glas zu 200 ml)

Zutaten

500 g schwarze oder grüne Oliven (mit Stein)
1–2 frische, milde oder scharfe Chilischoten
4–6 kleine Zweige Thymian
2–3 kleine Zweige Rosmarin
4 Knoblauchzehen
2–3 Lorbeerblätter
etwa 500 ml (½ l) Olivenöl

1 Oliven rundherum einige Male mit einer Gabel einstechen. Chilischoten entkernen, waschen und in Ringe schneiden. Thymian- und Rosmarinzweige kalt abspülen und trockentupfen. Knoblauch abziehen und in Stifte schneiden.

(Fortsetzung Seite 103)

(Fortsetzung von Seite 102)

2 Die vorbereiteten Zutaten mit Lorbeerblättern in vorbereitete Gläser schichten, die Gläser randvoll mit Olivenöl auffüllen und mit Twist-off-Deckeln® verschließen. Die Oliven vor dem Verzehr mindestens 3 Tage durchziehen lassen.

Tipp: *Die Kräuter-Knoblauch-Oliven sind etwa 3 Monate haltbar.*

Zubereitungszeit:
30 Minuten, ohne Durchziehzeit

Pro 100 g (Abtropfgewicht):
E: 1,2 g, F: 24,8 g, Kh: 3 g,
kJ: 1058, kcal: 253

RAFFINIERT

Eingelegte Paprikaschoten

(etwa 4 Gläser zu je 370 ml)

1 Paprikaschoten halbieren, entstielen, entkernen, die weißen Scheidewände entfernen, die Schoten waschen, abtropfen lassen und achteln. Knoblauch abziehen und in Scheiben schneiden.

2 Weißwein mit Weißweinessig, Wasser, Zucker, Salz, Zitronenscheiben, Senf-, Piment-, und Pfefferkörnern zum Kochen bringen, die Paprikastücke hineingeben, wieder zum Kochen bringen und etwa 10 Minuten kochen lassen.

3 Die Paprikastücke mit einem Schaumlöffel aus der Flüssigkeit nehmen und mit Knoblauch, Majoranblättchen und Lorbeerblättern in vorbereitete Gläser schichten.

4 Die Flüssigkeit wieder zum Kochen bringen, etwa 10 Minuten kochen lassen, von der Kochstelle nehmen, Einmach-Hilfe unterrühren und die heiße Flüssigkeit randvoll über die Paprikaschoten gießen. Die Gläser sofort mit Twist-off-Deckeln® verschließen und etwa 5 Minuten auf dem Deckel stehen lassen.

Tipp: *Die eingelegten Paprikaschoten sind etwa 6 Monate haltbar. Sie eignen sich gut für eine Vorspeisenplatte oder zum Fondue. Nach Belieben zusätzlich 4 Zwiebeln abziehen, achteln und mit den Paprikastücken in dem Sud kochen.*

Zutaten

500 g rote Paprikaschoten
500 g grüne Paprikaschoten
500 g gelbe Paprikaschoten
5 Knoblauchzehen
375 ml (3/8 l) trockener Weißwein
375 ml (3/8 l) Weißweinessig
375 ml (3/8 l) Wasser
250 g Zucker
3 TL Salz
Zitronenscheiben von ½ Zitrone (unbehandelt)
1 EL Senfkörner
10 Pimentkörner
10 weiße Pfefferkörner
4 EL frische Majoranblättchen
3–4 Lorbeerblätter
1 Pck. Einmach-Hilfe

Zubereitungszeit:
60 Minuten

Pro 100 g (Abtropfgewicht):
E: 0,9 g, F: 0,2 g, Kh: 5,2 g,
kJ: 126, kcal: 30

FÜR GÄSTE

Würzige Aprikosen

(Foto – etwa Gläser zu je 370 ml)

Zutaten

750 g Aprikosen

Für die Essig-Zucker-Lösung:
150 ml Weinessig
200 ml Wasser
375 g Zucker
2 TL Salz
1 Lorbeerblatt
1 Zimtstange
1 TL Korianderkörner
8 Gewürznelken
1 TL Pimentkörner
1 Pck. Einmach-Hilfe

Zubereitungszeit:
35 Minuten

Pro 100 g (Abtropfgewicht):
E: 0,7 g, F: 0,1 g, Kh: 15,9 g,
kJ: 300, kcal: 72

RAFFINIERT

1 Aprikosen waschen, abtrocknen, halbieren und entsteinen. 6 der Steine aufknacken und mit den Aprikosenhälften in vorbereitete Gläser geben.

2 Für die Essig-Zucker-Lösung Weinessig mit Wasser, Zucker, Salz, Lorbeerblatt, Zimtstange, Korianderkörnern, Gewürznelken und Pimentkörnern zum Kochen bringen und so lange kochen lassen, bis sich der Zucker gelöst hat.

3 Den Topf von der Kochstelle nehmen, Einmach-Hilfe unterrühren und die Essig-Zucker-Lösung randvoll über die Aprikosenhälften gießen. Die Gläser mit Twist-off-Deckeln® verschließen, umdrehen und etwa 5 Minuten auf dem Deckel stehen lassen.

Tipp: *Durch die hinzugegebenen Aprikosenkerne bekommen die würzigen Aprikosen ein leicht mandelartiges Aroma.*
Die Aprikosen sind etwa 6 Monate haltbar. Sie passen sehr gut zu Wild- und Geflügelgerichten.

Pflaumen, süß-sauer-scharf

(etwa 6 Gläser zu je 370 ml)

Zutaten

2 kg Pflaumen
200 g frischer Ingwer
50 g rote Pfefferschoten
Schale von 1 Zitrone (unbehandelt)
500 ml (½ l) Obst- oder Rotweinessig
600 g brauner Zucker
300 ml Rotwein
300 ml trockener Portwein
250 ml (¼ l) Wasser
2 Zimtstangen
2 Msp. Einmach-Hilfe

Zubereitungszeit:
80 Minuten

Pro 100 g (Abtropfgewicht):
E: 0,7 g, F: 0,2 g, Kh: 15,0 g,
kJ: 306, kcal: 73

MIT ALKOHOL

1 Pflaumen waschen, abtropfen lassen, entstielen, halbieren, entsteinen und in eine große Schüssel geben. Ingwer schälen und in dünne Scheiben schneiden. Pfefferschoten halbieren, entkernen, Schoten waschen und quer in dünne Streifen schneiden (danach gründlich die Hände waschen!). Zitrone waschen und hauchdünn mit einem Sparschäler schälen.

2 Essig mit Zucker, Rotwein, Portwein, Wasser und Zimtstangen aufkochen, über die Pflaumen gießen und zugedeckt über Nacht kalt stellen.

3 Pflaumen über einem Sieb abgießen und abtropfen lassen, dabei den Sud auffangen. Pflaumen in vorbereitete Gläser schichten. Den Sud etwas einkochen lassen, evtl. nochmals mit Essig und Zucker abschmecken, von der Kochstelle nehmen und Einmach-Hilfe unterrühren.

4 Den Sud sofort randvoll in die Gläser gießen. Die Gläser sofort mit Twist-off-Deckeln® verschließen.

Tipp: *Die Pflaumen zu Gänse-, Enten- oder Schweinebraten reichen.*

Pfälzer Feigen

(etwa 3 Gläser zu je 370 ml)

Zutaten

750 g frische Feigen

Für die Essig-Zucker-Lösung:
etwa 75 g frischer Ingwer
500 ml (½ l) trockener Weißwein
200 ml Rotwein
450 ml Obstessig
750 g Zucker
1–2 Gewürznelken
abgeriebene Schale von 1 ½ Zitronen (unbehandelt)
2 Msp. Einmach-Hilfe

Zubereitungszeit:
25 Minuten

Pro 100 g (Abtropfgewicht):
E: 0,9 g, F: 0,3 g, Kh: 21,9 g,
kJ: 435, kcal: 104

RAFFINIERT

1 Feigen vorsichtig abspülen, trockentupfen, etwas von den Stängeln abschneiden, Feigen mit einem Hölzchen einige Male einstechen und in vorbereitete Gläser füllen.

2 Für die Essig-Zucker-Lösung Ingwer schälen, in Stücke schneiden, mit Weißwein, Rotwein, Essig, Zucker, Gewürznelken und Zitronenschale zum Kochen bringen und kurz aufkochen lassen.

3 Von der Kochstelle nehmen, Einmach-Hilfe unterrühren und die Essig-Zucker-Lösung randvoll über die Feigen gießen. Die Gläser mit Twist-off-Deckeln® verschließen, umdrehen und etwa 5 Minuten auf dem Deckel stehen lassen.

Tipp: *Die Pfälzer Feigen sind etwa 6 Monate haltbar.*

Pfälzer Weinbrandquitten

(etwa 5 Gläser zu je 370 ml)

Zutaten

2 kg Quitten

Für die Honig-Zucker-Lösung:
500 g Honig, 500 g Zucker
100 ml Weinessig, 700 ml Wasser
2 Zimtstangen
2 Stücke Sternanis
4 Gewürznelken
Schale von 1 Zitrone (unbehandelt)
125 ml (⅛ l) Weinbrand

Zubereitungszeit:
80 Minuten

Pro 100 g:
E: 0,2 g, F: 0,2 g, Kh: 26,4 g,
kJ: 481, kcal: 115

DAUERT LÄNGER

1 Quitten mit einem Tuch trocken abreiben, um den Flaum zu entfernen. Quitten schälen, vierteln, entkernen und in Scheiben schneiden.

2 Für die Honig-Zucker-Lösung Honig mit Zucker, Weinessig, Wasser, Zimtstangen, Sternanis, Gewürznelken und Zitronenschale zum Kochen bringen und kurz aufkochen lassen, bis sich der Zucker vollständig aufgelöst hat.

3 Die Quittenscheiben hineingeben, alles zum Kochen bringen und bei schwacher Hitze 20–30 Minuten kochen lassen.

4 Die Quittenscheiben mit einem Schaumlöffel herausnehmen und in vorbereitete Gläser geben. Die Flüssigkeit dicklich einkochen und abkühlen lassen. Dann mit Weinbrand verrühren und durch ein Sieb randvoll über die Quitten geben. Die Gläser mit Twist-off-Deckeln® verschließen.

Tipp: *Die Weinbrandquitten sind etwa 6 Monate haltbar.*

Sauerkirschen in Rum

(Foto – 3–4 Gläser zu je 370 ml)

Zutaten

1 kg Sauerkirschen
500 g Zucker
1 Vanilleschote
etwa 350 ml Rum (54%)

Zubereitungszeit:
25 Minuten, ohne Durchziehzeit

Pro 100 g:
E: 0,4 g, F: 0,2 g, Kh: 31,9 g,
kJ: 741, kcal: 177

GUT VORZUBEREITEN

1 Kirschen waschen, gut abtropfen lassen, entstielen, evtl. entsteinen, mit Zucker in vorbereitete Gläser geben und etwa 1 Stunde zugedeckt durchziehen lassen.

2 Vanilleschote einritzen, in so viele Stücke schneiden, wie gefüllte Gläser vorhanden sind und ein Stück pro Glas hinzufügen.

3 Die Gläser randvoll mit Rum auffüllen, mit Twist-off-Deckeln® verschließen und die Sauerkirschen einige Wochen durchziehen lassen.

Tipp: *Sauerkirschen in Rum schmecken gut zu Vanilleeis oder Pudding. Der Zucker kann nach Belieben auch durch dieselbe Menge Kandiszucker ersetzt werden.*

Quitten in Rotwein

(etwa 5 Gläser zu je 370 ml)

Zutaten

2 kg Quitten

Für die Rotwein-Zucker-Lösung:
1250 ml Rotwein
500 g Zucker
2 EL Balsamicoessig
6 Gewürznelken
2 Zimtstangen
1 TL Korianderkörner
2 Stück Sternanis
6 grüne Kardamomkapseln
Schale von ½ Orange (unbehandelt)

Zubereitungszeit:
80 Minuten

Pro 100 g:
E: 0,3 g, F: 0,2 g, Kh: 17,1 g,
kJ: 384, kcal: 92

RAFFINIERT

1 Quitten mit einem Tuch trocken abreiben, um den Flaum zu entfernen. Quitten schälen, vierteln, entkernen und in Scheiben schneiden.

2 Für die Rotwein-Zucker-Lösung Rotwein mit Zucker, Balsamicoessig, Gewürznelken, Zimtstangen, Korianderkörnern, Sternanis, Kardamom und Orangenschale zum Kochen bringen und kurz aufkochen lassen, bis sich der Zucker vollständig aufgelöst hat.

3 Die Quittenscheiben hineingeben, alles zum Kochen bringen und bei schwacher Hitze 20–30 Minuten kochen lassen.

4 Die Quittenscheiben mit einem Schaumlöffel herausnehmen und in vorbereitete Gläser geben. Die Flüssigkeit etwas einkochen lassen und kochend heiß durch ein Sieb randvoll über die Quitten geben. Die Gläser sofort mit Twist-off-Deckeln® verschließen.

Tipp: *Die Quitten in Rotwein sind etwa 6 Monate haltbar.*

mit Rum

Ginfrüchte

(Foto – etwa 5 Gläser zu je 370 ml)

Zutaten

- 1 Honigmelone (etwa 1 kg)
- 4 Kiwis
- 4 Nektarinen
- 375 g weißer Kandiszucker
- 4 Pimentkörner
- 2 Zimtstangen
- 1 Flasche (0,7 l) Gin

Zubereitungszeit:
45 Minuten, ohne Durchziehzeit

Pro 100 g:
E: 0,4 g, F: 0,1 g, Kh: 17,8 g,
kJ: 574, kcal: 137

ZUM VERSCHENKEN

1 Honigmelone halbieren, entkernen, vierteln, schälen und das Fruchtfleisch in Streifen schneiden. Kiwis schälen und in Scheiben schneiden. Nektarinen waschen, abtrocknen, halbieren oder vierteln, den Stein entfernen und das Fruchtfleisch in dünne Scheiben schneiden.

2 Die vorbereiteten Zutaten abwechselnd mit Kandiszucker in vorbereitete Gläser schichten. Pimentkörner und Zimtstangen hinzufügen, die Gläser mit dem Gin randvoll auffüllen und mit Twist-off-Deckeln® verschließen.

3 Die Gläser kühl stellen und die Ginfrüchte 4–6 Wochen durchziehen lassen.

Tipp: *Die Ginfrüchte sind etwa 6 Monate haltbar. Sie schmecken lecker als Beigabe zu Eis, Vanille-Mousse oder Grießpudding.*

Pflaumen und Walnüsse in Armagnac

(etwa 3 Gläser zu je 370 ml)

Zutaten

- 375 g getrocknete, entsteinte Pflaumen
- 100 g Walnusskerne
- 100 g brauner Kandiszucker
- 6 Wacholderbeeren
- 1–2 Zimtstangen
- 1 Flasche (0,7 l) Armagnac

Zubereitungszeit:
15 Minuten, ohne Durchziehzeit

Pro 100 g:
E: 2,1 g, F: 1,8 g, Kh: 26,3 g,
kJ: 1114, kcal: 266

SCHNELL

1 Pflaumen mit Walnusskernen, Kandiszucker, Wacholderbeeren und Zimtstangen in vorbereitete Gläser füllen.

2 Mit Armagnac auffüllen, die Gläser mit Twist-off-Deckeln® verschließen. Einige Wochen durchziehen lassen.

Tipp: *Armagnac ist ein französischer Weinbrand, der in der gleichnamigen Region im Südwesten Frankreichs produziert wird. Er reift mindestens 2 Jahre in kleinen Eichenfässern.*

ZLICHEN GLÜCK

Himbeeren in Himbeergeist

(Foto – etwa 3 Gläser zu 370 ml)

Zutaten

750 g Himbeeren
250 g gesiebter Puderzucker
20 g Pistazienkerne
1 Flasche (0,7 l) Himbeergeist

Zubereitungszeit:
20 Minuten, ohne Durchziehzeit

Pro 100 g:
E: 0,7 g, F: 0,7 g, Kh: 16,9 g,
kJ: 754, kcal: 180

SCHNELL

1 Himbeeren verlesen (nicht waschen), abwechselnd mit Puderzucker in vorbereitete Gläser geben und etwa 1 Stunde zugedeckt durchziehen lassen.

2 Pistazienkerne und Himbeergeist hinzufügen. Die Gläser mit Twist-off-Deckeln® gut verschließen und einige Wochen durchziehen lassen.

Tipp: *Anstelle von Himbeergeist kann auch Weinbrand verwendet werden. Die Himbeeren sind etwa 1 Jahr haltbar. Sie zu Eis oder Cremes reichen.*

Ananas in weißem Rum

(4–5 Gläser zu je 370 ml)

Zutaten

2 Ananas (je etwa 900 g)
300 g weißer Kandiszucker
1–2 Vanilleschoten
1 Zitrone (unbehandelt)
1 Flasche (0,7 l) weißer Rum

Zubereitungszeit:
30 Minuten, ohne Durchziehzeit

Pro 100 g:
E: 0,2 g, F: 0,1 g, Kh: 14,5 g,
kJ: 490, kcal: 117

RAFFINIERT

1 Von den Ananas die Strünke abschneiden, die Früchte vierteln und die holzige Mitte längs herausschneiden. Ananas schälen und das Fruchtfleisch in grobe Stücke schneiden. Ananasstücke mit Kandiszucker in vorbereitete Gläser geben.

2 Vanilleschoten in Stücke schneiden. Zitrone heiß abwaschen, abtrocknen, dünn – ohne die weiße, pelzige Haut – schälen und in grobe Stücke schneiden. Vanilleschote und Zitronenschale mit in die Gläser geben.

3 Die Gäser randvoll mit Rum auffüllen, mit Twist-off-Deckeln® verschließen, kühl stellen und etwa 1 Woche durchziehen lassen.

Ratgeber

Zum Einmachen braucht man keine ausgefallenen Geräte. Das meiste "Handwerkszeug" ist in jedem Haushalt zu finden. Mit Hilfe der ausführlich und verständlich beschriebenen Rezepte und der nachfolgenden Tipps & Tricks können sich Einsteiger und Fortgeschrittene sofort ans Werk machen.

Begriffserklärungen

Eine **Konfitüre** ist eine streichfähige Zubereitung aus Zuckerarten und einer oder mehreren Fruchtsorten.

Eine **Marmelade** ist eine streichfähige Zubereitung aus Zuckerarten und Zitrusfrüchten.

Als **Gelees** bezeichnet man streichfähige Zubereitungen aus Zuckerarten und dem Saft einer oder mehrerer Fruchtsorten.

Chutneys und **Relishes** sind süß-saure bzw. scharf-würzige Beilagen aus Früchten und Gemüse. Sie schmecken hervorragend zu Fleisch, Fisch, Fondue, Folienkartoffeln etc., aber auch als Würzmittel verleihen Chutneys und Relishes vielen Speisen z. B. Saucen eine besondere Note. Im Allgemeinen überwiegt in Chutneys der Obstanteil und in Relishes der Gemüseanteil.

Ratgeber

Die Früchte

Egal ob die Früchte aus dem eigenen Garten, vom Händler oder selbst gepflückt von Obstplantagen stammen: Qualität ist auch hier das beste Rezept! Verwenden Sie ausschließlich reife, einwandfreie Früchte zur Herstellung von Konfitüren, Marmeladen und Gelees. Nur Früchte mit dieser Qualität geben Ihren „Einmach-Schätzen" das fruchtig-frische Aroma und die verführerische, leuchtende Farbe. Überreife oder beschädigte Früchte sind nicht geeignet.

Viele Obst- oder Gemüsesorten sind heute fast das ganze Jahr über erhältlich, allerdings zu sehr unterschiedlichen Preisen und von sehr unterschiedlicher Qualität. Einen kleinen Überblick über die Hauptangebotszeiten gibt Ihnen der Saisonkalender auf Seite 123.

Auch tiefgefrorene Früchte eignen sich hervorragend zur Herstellung von Konfitüren, Marmeladen und Gelees. Größere Obstmengen, die besonders zur Erntezeit anfallen, können vorbereitet (d. h. gewaschen, geputzt, entkernt etc.) und ungezuckert für den späteren Verbrauch eingefroren werden. TK-Früchte bleiben so ganz unabhängig von der Jahreszeit "erntefrisch" und behalten weitgehend ihre Farbe. Sie sind vor allem für Ihre schnellen, spontanen Einmachideen bestens verwendbar: Wiegen Sie die TK-Früchte **gefroren**, tauen Sie diese dann erst auf und verwenden Sie den entstehenden Saft bei der Zubereitung mit.

Einmachprodukte

Für die schnelle und einfache Zubereitung von Konfitüren, Marmeladen und Gelees werden verschiedene Geliermittel angeboten, die alle Pektine enthalten. **Pektin** bildet die Basis des Geliervorgangs und ist als natürlicher Bestandteil in fast allen Früchten enthalten. Je unreifer die Früchte sind, desto mehr Pektin enthalten sie und umso fester ist die Konsistenz. Mit zunehmender Reife der Früchte wird das Pektin immer mehr abgebaut und die Festigkeit verringert sich. Beim Einmachen fügen Sie den Früchten Pektin mit dem Gelierzucker oder Gelierpulver zu. Das Pektin bildet nach kurzem Erhitzen bei der Zubereitung zusammen mit dem Frucht-Zucker-Säure-Gemisch während des Erkaltens ein festes Zell-Gerüst, auch "Gel" genannt, weshalb dieser Prozess auch als „Gelierung" bzw. „Geliervorgang" bezeichnet wird. Pektine in den Dr. Oetker Gelierzuckern und -pulvern werden ausschließlich aus Äpfeln oder Zitrusfrüchten gewonnen.

Dr. Oetker Gelfix Classic ist ein Gelierpulver für klassisch süße Konfitüren, Marmeladen und Gelees. Hiermit werden Früchte und Zucker etwa im Verhältnis 1 : 1 verarbeitet.

Wer es gern fruchtiger und nicht so süß mag, liegt mit **Dr. Oetker Gelfix Extra**, einem Gelierpulver für extra fruchtige Konfitüren, genau richtig. Hier stehen die Früchte zum Zucker im Verhältnis 2 : 1.

Ratgeber

Als dritte Alternative für super fruchtige Konfitüren gibt es **Dr. Oetker Gelfix Super**, ein Gelierpulver, bei dem Früchte und Zucker im Verhältnis 3 : 1 verarbeitet werden. Gelfix Super eignet sich auch für eine Zubereitung mit Fruchtzucker, Sorbit oder Flüssigsüße.

Besonders leicht geht die Arbeit mit **Dr. Oetker Extra Gelier Zucker** (2 : 1) und **Super Gelier Zucker** (3 :1) von der Hand, da Zucker und Geliermittel bereits kombiniert sind.

Auch Diabetiker haben durch **Dr. Oetker Diät Gelier Fruchtzucker** und das bereits oben genannte **Dr. Oetker Gelfix Super** die Möglichkeit, selbst gemachte Konfitüren, Marmeladen und Gelees zu genießen.

Die Zugabe von **Dr. Oetker Zitronensäure** besonders zu Konfitüren, Marmeladen und Gelees aus sehr süßen Früchten dient der geschmacklichen Abrundung und unterstützt den Geliervorgang.

Damit Eingelegtes nicht vorzeitig schimmelt und gärt, empfiehlt sich die Verwendung von **Dr. Oetker Einmach-Hilfe.**

Geräte und Hilfsmittel

Zur Vorbereitung von Obst und Gemüse benötigen Sie Schneidebretter, scharfe Messer, Schüsseln und Abtropfsiebe.

Wenn die Zutaten vorbereitet sind, wird alles mit Hilfe einer präzisen Waage abgewogen. Eine gute Waage ist unerlässlich, da nur genau abgewogene Zutaten ein optimales Ergebnis garantieren. Alle in den Rezepten angegebenen Mengen gelten für bereits vorbereitete Früchte.

Die benutzen Kochtöpfe sollten aus Edelstahl oder Emaille sein, denn Aluminium kann zum Beispiel den Geschmack beeinträchtigen, weil die Fruchtsäure das Material angreift. Achten Sie darauf, daß in der Emaille keine Risse oder Sprünge sind, weil die Töpfe sonst von der Fruchtsäure angegriffen werden und der

Ratgeber

Inhalt einen metallischen Geschmack bekommen kann. Der Topf sollte mindestens einen Durchmesser von 24 cm und eine ausreichende Höhe haben. Er sollte höchstens zur Hälfte gefüllt werden. So kann genügend Flüssigkeit verdampfen und ein Überkochen wird vermieden.

Meistens schäumen Konfitüren, Marmeladen und Gelees nicht, da allen Dr. Oetker Geliermitteln ein Entschäumer zugesetzt ist. Nur bei sehr eiweißreichen Früchten (z. B. Erdbeeren) ist gelegentlich ein Abschäumen nötig.

Der natürliche Schaum, der beim Kochvorgang ensteht, kann durch Lufteinschlüsse das Aussehen und die Haltbarkeit des Einmachgutes beeinträchtigen. Nehmen Sie den Topf nach dem Kochvorgang von der Kochstelle und rühren noch kurz weiter. Meist verbleibt allein dadurch kein Schaum mehr auf dem Kochgut. Falls doch, verwenden Sie zum Abschäumen am besten einen feinporigen Schaumlöffel.

Das Umfüllen des fertigen Kochgutes in die Gläser gelingt am besten mit einer Schöpfkelle. Dabei ist ein Einfüllring für ein sauberes Einfüllen hilfreich. Sollte der Glasrand doch schmutzig werden, müssen die Spritzer vor dem Verschließen der Gläser entfernt werden, um einen vorzeitigen Verderb des Glasinhalts zu verhindern.

Die verwendeten Gläser müssen einwandfrei in Ordnung sein. Sie sollten als Verschluss einen Twist-off-Deckel® haben, der einen beschichteten Innenrand besitzt. Konsistenz, Aroma und natürliche Farbe bleiben deshalb besonders gut geschützt. Twist-off-Deckel® verhindern am besten das Austrocknen und den Befall von Mikroorganismen. Einmach- und Sichtfolie bietet keinen ausreichenden dauerhaften Schutz.

Nehmen Sie keine zu großen Gläser. Am besten geeignet sind Gläser mit einem Inhalt von 200 ml (250 g) oder 370 ml (450 g). Dann müssen die Gläser nicht zu lange geöffnet aufbewahrt werden. Außerdem können Sie so für Abwechslung auf dem Frühstückstisch sorgen oder haben ein nettes Mitbringsel für liebe Bekannte.

Ratgeber

Reinigen Sie die Gläser vor jedem Gebrauch gründlich in heißem Wasser unter Zusatz eines handelsüblichen Spülmittels, spülen Sie sie in klarem Wasser nach und lassen Sie die Gläser umgedreht auf einem Geschirrtuch abtropfen. Auch in der Spülmaschine gereinigte Gläser noch einmal mit klarem Wasser nachspülen, da Reste des Spülmittels im Glas verbleiben können und die Gelierung beeinträchtigen. Stellen Sie die vorbereiteten Gläser zum Einfüllen evtl. auf nasse Geschirrtücher. So wird verhindert, dass die Gläser durch das heiße Einmachgut Sprünge bekommen.

Saftgewinnung für Gelees

Um ein Fruchtgelee kochen zu können, benötigen Sie als Ausgangsprodukt den Saft der betreffenden Früchte. Bei den Produkten Gelfix Extra und Gelfix Super ist es möglich, auch jeden im Handel erhältlichen Saft oder Nektar zu verwenden. Ansonsten ist immer selbst hergestellter Saft zu verwenden.

Grundsätzlich sollten vor Arbeitsbeginn die Angaben der jeweiligen Gerätehersteller beachtet werden. Die Früchte sollten nicht zu lange entsaftet werden, da der Saft sonst zu stark verwässert und dadurch schlechter geliert.

Folgende Methoden sind zur Saftgewinnung **gut geeignet:**

- Früchte ohne Zuckerzugabe im Dampfentsafter entsaften und abkühlen lassen
- Kleinere Fruchtmengen ohne Zuckerzugabe mit Hilfe eines Schnellkochtopfes (mit Zubehör Siebeinsatz und ggf. Saftauffangschale) entsaften und abkühlen lassen
- Früchte evtl. klein schneiden, mit etwas Wasser weich kochen, den Saft anschließend durch ein Tuch ablaufen lassen und abkühlen lassen
- Zitrusfrüchte (z. B. Orangen oder Zitronen) können Sie einfach auspressen

Ratgeber

Zur Saftgewinnung für Gelees
nicht so gut geeignet:

- Fruchtsaft, der mit Hilfe einer elektrischen Zentrifuge gewonnen wird, ist zur Herstellung von Gelee nicht so gut geeignet. Daraus zubereitete Gelees können trübe und in der Konsistenz weicher sein. Durch Zelluloseteilchen im Saft kann das Gelee zudem grießig sein.

Die Tabelle soll Ihnen zeigen, wie viel Früchte (gewaschen, evtl. geputzt, entsteint, entstielt und grob zerkleinert) Sie etwa benötigen, um 1 Liter Fruchtsaft zu gewinnen*:

Äpfel	1800 g
Birnen	2700 g
Brombeeren	1500 g
Erdbeeren	1300 g
Himbeeren	1800 g
Holunderbeeren	1800 g
Johannisbeeren, rot	1500 g
Johannisbeere, schwarz	1700 g
Pfirsiche	1700 g
Quitten	2300 g
Rharbarber	1500 g
Sauerkirschen	1600 g
Stachelbeeren	1600 g
Weintrauben	1700 g

** Diese Angaben unterliegen natürlichen Schwankungen bedingt durch die jeweilige Art der Gewinnungsmethode und die Erntequalität.*

Allgemeine Zubereitungsregeln

- Wichtig ist es generell, auf höchste Sauberkeit zu achten, sowohl bei der Verarbeitung der Früchte, als auch bei allen Einmachgeräten. Schon kleinste Verunreinigungen können zum vorzeitigen Verderb der eingemachten Zubereitungen führen.

- Verarbeiten Sie die Zutaten entsprechend den Angaben im Rezept, denn nur so ist gewährleistet, dass Sie ein optimales Ergebnis erzielen.

- Während des Kochvorgangs ständig mit dem Rührlöffel rühren, damit die Masse nicht anbrennt und genügend Flüssigkeit verdampfen kann.

- Prüfen Sie bei der Zubereitung die Gelierfähigkeit Ihrer Konfitüren, Marmeladen und Gelees durch eine Gelierprobe (siehe Seite 121).

- Das Kochgut wird direkt nach dem Kochen mit Hilfe einer Schöpfkelle und evtl. eines Einfüllrings **randvoll** in die vorbereiteten Gläser gefüllt. Lassen Sie die verschlossenen Gläser danach sofort umgedreht etwa 5 Minuten auf dem Deckel stehen. So kommt möglichst wenig Luft ins Glas und der Inhalt ist optimal vor Verderb geschützt.

Ratgeber

- Bereiten Sie keine größeren Mengen auf einmal zu (laut Verpackungsempfehlung maximal die doppelte Menge der Zutaten). Größere Mengen bedeuten längere Kochzeiten, schlechteres Durchkochen der Masse, Vitaminverlust und damit kein optimales Ergebnis in Festigkeit und Farbe der Zubereitung.
- Konfitüren, Marmeladen und Gelees können nach dem Kochen durch einen Schuss Likör, Rum, Obstbrand, Wodka usw. "hochprozentig" verfeinert werden. Die Gelierung wird davon bei geringen Mengen (bis etwa 3 Esslöffel) nicht beeinträchtigt. Bei Zugabe von größeren Mengen sollten Sie die jeweilige Frucht- oder Saftmenge entsprechend reduzieren und den Alkohol direkt mitkochen.

Ratgeber

Gelierprobe

Eine Gelierprobe zeigt, ob die zubereitete Fruchtmasse während des Erkaltens genügend Festigkeit bekommt, also genügend „gelieren" kann. Geben Sie dazu von dem zubereiteten, heißen Kochgut einfach 1–2 Teelöffel auf einen kleinen Teller, den Sie vorher am besten kurz in den Kühlschrank stellen. Wird die Gelierprobe dicklich bzw. fest, so bekommt auch der Rest Ihrer Konfitüre, Marmelade oder des Gelees genügend Festigkeit in den Gläsern. Wird eine stärkere Festigkeit gewünscht, einfach ein Päckchen Dr. Oetker Zitronensäure unter das heiße Kochgut rühren, nochmals die Gelierprobe machen und dann erst abfüllen. Der Geliervorgang in den Gläsern kann bis zu einer Woche oder länger dauern.

Lagerung von Eingemachtem

Bewahren Sie Ihre Einmach-Schätze an einem kühlen, dunklen Ort auf. So sind sie u. a. vor Farbveränderungen geschützt und die Gelierung kann sich voll entfalten.

Bewahren Sie angebrochene Gläser am besten im Kühlschrank auf, da beim Entnehmen aus dem Glas die feste Struktur von Konfitüre, Marmelade oder Gelee beschädigt wird, so dass Fruchtsaft austreten kann.

Bitte beachten Sie, dass sich die Haltbarkeit des Einmachgutes durch fetthaltige Zutaten wie z. B. Nüsse und Kokosraspel oder nicht mitgekochte „Extras" wie Minz- oder Melissenblättchen verkürzt.

Chutneys und Relishes

Die Verwendung von Chutneys und Relishes ist vielseitig, denn die Geschmackskomponenten scharf, süß und sauer harmonieren mit vielen Gerichten.

Zur Zubereitung von Chutneys und Relishes benötigt man Essig (Säure), Zucker (Süße) und Gewürze (Schärfe). Die Gewürze sollten möglichst frisch sein, denn sonst haben sie an Würzkraft verloren. Wichtige Gewürze für Chutneys und Relishes sind Senfkörner, Pfeffer, Cayennepfeffer, Paprikapulver edelsüß oder rosenscharf und Currypulver. Sie geben besondere Schärfe. Die aromatische Schärfe von Ingwer harmoniert besonders gut mit süß und sauer . Abgerundet wird der Geschmack z. B. durch Piment, Lorbeerblätter, Muskatnuss, Gewürznelken, Zimt und natürlich Salz.

Ratgeber

Herzhaft und süß Eingelegtes

Einlegen macht das Konservieren von Obst und Gemüse einfach, der Arbeitsaufwand ist gering. Das Einlegen kann in einer Essig-Lösung oder in einer Essig-Zucker-Lösung durchgeführt werden. Werden die Zutaten richtig dosiert, dann hindert die Säure die in den Nahrungsmitteln enthaltenen Mikroorganismen am Wachstum.

Die verwendeten Gläser sollten eine möglichst breite Öffnung haben und mit Twist-off-Deckeln® verschlossen werden. Je nach Größe der Zutaten können Gläser bis 720 ml Inhalt verwendet werden.
Nach der Zubereitung mindestens 2 Wochen abwarten, bevor ein Glas zum Probieren geöffnet wird, denn mindestens 1 Monat Lagerung in einem kühlen Raum ist zur Geschmacksentfaltung optimal.

Angebrochene Gläser im Kühlschrank aufbewahren und bald aufbrauchen.
Bei eingelegten Früchten in Alkohol dient der Alkohol als Lösungs- und Konservierungsmittel und zieht die Aromen aus den Früchten heraus. Er sollte einen Alkoholgehalt von über 38 % haben, weil sonst die Früchte zu schnell verderben könnten.

Hier nochmals die wichtigsten Tipps & Tricks in Kürze:

- Verwenden Sie nur frisches Obst und Gemüse von bester Beschaffenheit.
- Achten Sie auf höchste Sauberkeit, sowohl bei der Verarbeitung der Früchte, als auch bei allen Einmachgeräten.
- Eine gute Waage ist unerläßlich, da nur genau abgewogene Zutaten ein optimales Einmach-Ergebnis garantieren.
- Verwenden Sie nur Gläser mit Twist-off-Deckeln®.
- Zum Kochen brauchen Sie einen großen Kochtopf, am besten aus Edelstahl. Diesen sollten Sie immer maximal bis zur Hälfte füllen, um ein Überkochen zu vermeiden.
- Während des Kochvorgangs ständig mit dem Rührlöffel rühren, damit die Masse nicht anbrennt und genügend Flüssigkeit verdampfen kann.
- Das Kochgut bei Bedarf abschäumen.
- Füllen Sie das Einmachgut sofort nach dem Kochvorgang randvoll in die vorbereiteten, sauberen Gläser und verschließen sie fest.
- Lassen Sie bei Konfitüren, Marmeladen, Gelees, Chutneys und Relishes die Gläser danach sofort umgedreht etwa 5 Minuten auf dem Deckel stehen.
- Bewahren Sie Ihre Einmach-Schätze an einem kühlen, dunklen Ort auf.
- Bewahren Sie angebrochene Gläser am besten im Kühlschrank auf.

Ratgeber

	Jan	Feb	Mär	Apr	Mai	Jun	Jul	Aug	Sep	Okt	Nov	Dez
Ananas	■	■	■	■								■
Aprikosen						■	■	■				
Äpfel									■	■		
Birnen								■	■	■		
Brombeeren							■	■	■			
Erdbeeren						■	■					
Heidelbeeren							■	■	■			
Himbeeren						■	■	■				
Holunderbeeren									■	■	■	
Johannisbeeren						■	■	■				
Mirabellen							■	■				
Orangen	■	■	■								■	■
Pflaumen/Zwetschen							■	■	■			
Pfirsiche							■	■	■			
Quitten										■		
Rhabarber				■	■	■						
Sauerkirschen							■	■				
Stachelbeeren						■	■	■				
Süßkirschen						■	■					
Auberginen						■	■	■	■	■		
Kürbis									■			
Zucchini						■	■	■	■	■		

■ Hauptangebotsmonate zu günstigen Preisen!

Kapitelregister

Konfitüren

Gelees

*Für Diabetiker geeignet

Kapitelregister

*Für Diabetiker geeignet

Alphabetisches Register

*Für Diabetiker geeignet

Alphabetisches Register

*Für Diabetiker geeignet

Umwelthinweis Dieses Buch und der Schutzumschlag wurden auf chlorfrei gebleichtem Papier gedruckt. Die Einschrumpfolie – zum Schutz vor Verschmutzung – ist aus umweltfreundlicher und recyclingfähiger PE-Folie.

Die Nährwerte für die Kapitel 1, 2 und 3 sind nach dem Bundeslebensmittelschlüssel mit einem Kochverlust von 5% berechnet.

Wenn Sie Anregungen, Vorschläge oder Fragen zu unseren Büchern haben, rufen Sie uns an (05 21) 52 06 45 oder schreiben Sie uns:

Ceres Verlag
Am Bach 11
33602 Bielefeld

Redaktion Eva-Maria Dammeier

Titelfoto Thomas Diercks, Hamburg

Innenfotos Bernd Lippert, Bielefeld
Brigitte Wegner, Bielefeld
Thomas Diercks, Hamburg
Norbert Toelle, Bielefeld
Uwe Ziss, Düsseldorf
Hartmut Kiefer, Paris

Rezeptentwicklung und -beratung Dr. Oetker Versuchsküche, Bielefeld
(Konfitüren, Gelees, Chutneys, Relishes)
Annette Elges, Bielefeld
(Herzhaft & süß Eingelegtes)

Grafisches Konzept Björn Carstensen, Hamburg
Gestaltung Kontur Design, Bielefeld
Titelgestaltung Kontur-Design, Bielefeld

Reproduktionen Kruse Reproduktionen, Vreden
Satz Typografika, Bielefeld
Druck und Bindung MOHN Media • Mohndruck GmbH, Gütersloh

ISBN 3-7670-0244-2